Ernst Graf

Scizzen zur Geschichte der Kirche und Kirchgemeinde

Oberglatt Flawil

Zur Erinnerung an die hundertjährige Kirchweihfeier vom 15. November

1885

Ernst Graf

Scizzen zur Geschichte der Kirche und Kirchgemeinde Oberglatt Flawil
Zur Erinnerung an die hundertjährige Kirchweihfeier vom 15. November 1885

ISBN/EAN: 9783743632028

Hergestellt in Europa, USA, Kanada, Australien, Japan

Cover: Foto ©Lupo / pixelio.de

Weitere Bücher finden Sie auf **www.hansebooks.com**

Skizzen zur Geschichte

der

Kirche und Kirchgemeinde Oberglatt

(Flawil).

———·:·———

Zur Erinnerung

an die hundertjährige Kirchweihfeier vom 15. November 1885

von

Ernst Graf,

Pfarrer.

— — — S... — — —

Flawil,
J. C. Steiger's Buchdruckerei
1886.

Vorwort.

„Scizzen" — und nicht mehr wollen diese Blätter sein, die im Auftrage der Kirchenvorsteherschaft geschrieben sind. Ein Besseres, ein auf erschöpfende Darstellung Anspruch machendes Geschichtsbild zu liefern, erlaubte mir für die ältere Zeit der spärliche und lückenhafte Fluß der Quellen nicht; für die neuere Zeit, wo diese immer reichlicher fließen, versagte es mir das karge Maß der vergönnten Muße und die Besorgniß, es möchten mir unter der Hand die Blätter zu einer Entwicklungs= geschichte auch der politischen Gemeinde heranwachsen.

Was diese Blätter erzählen, ist aus einer Menge theils bekannter und allgemeiner, theils örtlicher und bisher nie durchforschter Quellen zusammengetragen, die durchweg zu nennen kaum anzeigt ist. Möge die nach Inhalt und Form sehr mangelhafte Darstellung gleich unserer einfachen Kirchweihfeier etwas dazu beitragen, die pietätsvolle Liebe und Anhänglichkeit an unser Gotteshaus und unsere kirchliche Gemeinschaft und die Treue an unserem evangelischen Bekenntnisse, für das unsere Väter so große Opfer gebracht und mannhaft eingestanden sind in schwerer Zeit, unter unseren Kirchgenossen zu mehren!

Wer weiß, was es erfordert, um in bloßen Mußestunden aus zum Theil ganz bruchstückartigen Quellen eine auch nur irgendwie abgerundete Geschichtsdarstellung zu fertigen, wird dies Büchlein schonend beurtheilen.

Flawil, im März 1886.

Der Verfasser.

I.

Von der Urzeit bis zur Reformation.

(731—1520.)

Das bis zu den Wasserverheerungen der letzten Jahrzehnte so idyllisch, in reichem Naturschmucke daliegende Thälchen der unteren Glatt, aus dem unser freundliches, einfach=schmuckes Gotteshaus seine Thurm= spitze hervorstreckt, war, sammt seiner näheren Umgebung und dem unteren Toggenburg überhaupt, schon seit dem frühen Mittelalter bewohnt, vielleicht schon zur helvetisch=römischen, gewiß aber zur allemannischen Zeit, wie denn so manche Ortsnamen unserer Gegend allemannischen Ursprung verrathen.

Schon manche angebaute Höfe waren an der unteren Glatt zu finden, als Gallus am Anfange des 7. Jahrhunderts an der Steinach, noch mitten in Waldwildniß, seine Zelle baute, an deren Stelle nach seinem Tode eine Wallfahrtskapelle und sodann ein immer mächtiger werdendes Kloster sich erheben sollte.

Die angebauten Orte mehrten sich, als der thatkräftige Othmar das im ersten Jahrhundert seines Bestehens durch Kriegsereignisse schwer gehemmte Kloster mächtig emporhob und es zu einer Leuchte der Gesittung und zu einem schützenden Horte für einen immer weiteren Landeskreis machte. Dieses erwarb sich jetzt Besitzungen um Besitzungen und schickte auf dieselben seine Hirten und Handwerker und die diese beaufsichtigenden Verwalter niedrigen und höheren Ranges, „Keller" und „Mayer" geheißen.

Und je kräftiger das Kloster aufkam, desto mehr erfuhr es die Thatsache: „Wer da hat, dem wird gegeben, daß er die Fülle habe." Massenhaft fielen ihm im 8. Jahrhundert Güter und Gefälle in näherer und weiterer Umgebung, bis tief in's Schwabenland hinein und in's Elsaß hinab, zu, die bald der Wunsch, mit solchen Schenkungen an die Kirche sich Nachlaß der Sünden und Gottes ewige Gnade zu sichern, bald die Absicht, durch Lehenverschreibung an's Kloster sich zu Schützlingen seines starken Armes zu machen, ihm zuführte.

So machten sich auch in der großen fränkischen Grafschaft Thurgau, zu der wir seit der Niederwerfung der Allemannen durch die Franken

gehörten, gar viele freie Leute selbstwillig zu Zinsleuten des Stiftes.
Sie schenkten diesem ganz oder nur theilweise ihre Güter und ließen
im Gleichen sich dieselben als ein Lehen wieder zurückgeben, das nun,
weil Eigenthum des Klosters, Vorrechte und den Schutz seiner Macht
genoß, dafür aber mit einem jährlichen Zinse beschwert war. Das thaten
selbst die Reichen unter den Freien, um als sogenannte „Gotteshaus-
leute“ gegen die Willkürlichkeiten der fränkischen Gaugrafen geschützter
zu sein, die Armen vollends, um ihre Rechte, Sitz und Grund gegen
Bedrückungen von Mächtigeren jeder Art zu sichern. Weil aber alle diese
Lehensleute durch ihre Zinspflichtigkeit Angehörige des Klosters wurden,
behaupteten in der Folge nur die Reicheren ihren freien Stand und
machten den eigentlichen Abel des Landes aus, während die Aermeren
mit der Zeit sich meistens nicht mehr unterschieden von den Leibeigenen,
den Nachkommen der durch die Allemannen besiegten Ureinwohner, die,
in Huben mit einer Wohnhütte abgetheilt, ihren dem Kriegsdienste lebenden
Herren die Höfe bebauten und vertauscht und verkauft werden konnten.

Solcher Güterschenkungen kamen im 8. und 9. Jahrhundert aus
unserem Gemeindegebiet und seiner nächsten Umgegend eine Menge vor,
und bei dieser Gelegenheit tauchen denn die Namen unserer jetzigen
Gemeinderevierre und Nachbarortschaften zum erstenmal an der Bildfläche
urkundlich beglaubigter Geschichte auf und stehen da als dürftige Zeug-
nisse der Existenz derselben in einer Zeit, wo man nur erst so Weniges, fast
ausschließlich Käufe, Verkäufe, Schenkungen und dergleichen aufschrieb
und wo nur die Mönche und wenige Freie des Schreibens Kunst
verstanden.

Da hören wir denn als ältestes Zeugniß, wie ein gewisser Petto
anno 731 seine Güter und Hörigen in „Glatt“ oder „Glattbruck“, wie es
auch heißt, d. h. in unserem später zum Unterschied von Niederglatt so
benannten Oberglatt, dem Stift St. Gallen schenkt „in Hoffnung der
Vergebung seiner Sünden“. Ebenso verschenkte — falls wenigstens
der urkundliche Ausdruck „Clataburuhk“ Glattbrugg heißt und nicht
auf Glattburg mit dem späteren Gielenschloß im Glatttobel gegenüber
unserem Armenhause hinweist — wieder ein gewisser Petto fünfzig
Jahre später (788) „in reiflicher Betrachtung seiner Sünden“
seinen reichen Besitz in Oberglatt und in Zuckenried an das Stift
St. Gallen. Nochmals hundert Jahre später (885) übertrug Ruofried
„in Erwägung des Unbestandes alles Zeitlichen und in Hoffnung auf Erwerbung zukünftiger Belohnungen“ seinen Besitz
zu Zuzwil und Zuberwangen dem Stifte St. Gallen zum Unterhalte
„des Gasthauses, welches Clata genannt wird nach dem
anstoßenden Flüßchen“. Im gleichen Jahre wurde in Glatt, vielleicht
in eben diesem Gasthause ein Tauschvertrag unterzeichnet, in dem ein
Freier, mit Namen Wanger, an Abt Bernhard seinen Besitz in Helfenswil

schenkt und dafür 22 Jucharten in „Jvunekka" empfängt, d. h. wohl auf unserer Egg. Und wie Oberglatt und Egg, so tauchen zu diesen Zeiten in solchen Schenkungsurkunden die Namen Flawil, Wolfhartswil, Tegerschen, Alterswil, Gebaratswil, Ransberg und Burgau auf, welche Ortschaften und Höfe alle zur Flawiler „Marche" gerechnet wurden, zu der sogar auch Uzwil gehörte, das erst um 840 durch Abgeordnete des Gaugrafen Gerold von Flawil abgetrennt wurde, als die dünngesäte Bevölkerung sich gemehrt hatte. Burgau wird sodann 964 bereits als eigene March, d. h. als selbständiger Ort aufgeführt.

Aus der Ortschaft Flawil selbst werden eine Reihe von Schenkungen aufgeführt vom Anfange des 9. Jahrhunderts an bis 1342, wo Abt Herrmann dem Kloster Magdenau (1241 von Rudolf Giel von Glattburg für die Schwestern am Brühl erbaut und bald zur selbständigen Abtei erhoben) die Mühle zu Flawil und das Mühlegut, den Mayerhof und das Gupfenlehen schenkt. Der Ursprung des Namens Flawil — in den Urkunden Flahwilare, Flachwillare, Flahinwilare und Flawilare geschrieben — ist dunkel. Er stammt wohl aus dem Allemannischen. Villa, villare, später Wil, Wilen, Wiler nannte man einen Komplex von Höfen und in Flah, Flahin steckt wohl der Eigenname eines ursprünglichen Besitzers.

Doch kehren wir zu unserem Glatt, Oberglatt zurück. Da waren also laut diesen Schenkungsurkunden schon um die Mitte des 8. Jahrhunderts bebaute Güter zu finden und ein Gasthaus, d. h. eine Pilgerherberge, die wahrscheinlich mit der Brücke über die Glatt vom Stift St. Gallen errichtet und unterhalten war.

Nach dem st. Galler Chronisten Näf befand sich neben dem Gasthause auch eine Kapelle und Bruderklause.

Die meisten unserer ältesten Pfarrkirchen sind nun daher entstanden, daß ein reicher Güterbesitzer weltlichen oder geistlichen Standes oder ein Kloster auf seinem Mayerhofe für seine Leute eine Kapelle errichtete und dafür einen Angehörigen zum Priester weihen ließ oder einen Bruder aus dem Stift hinschickte, der vom Hofe den Unterhalt bezog, mitunter auch Verwalter des Hofes war. Die Kapelle erhielt dann ihre Schenkungen ; die Leute benachbarter Höfe fingen an, freiwillig ihre Zehnten zu entrichten oder das Stift wies gewisse, ihm gehörige Zehnten an die Kapelle, und so kam sie zu ihrem eigenen Vermögen, über das freilich der Kirchherr, wie über die Kapelle, resp. Kirche, oft willkürlich verfügte, wie über profanes Eigenthum. Die Kapellen, mit der Zunahme der Bevölkerung auch baulich sich entwickelnd, wurden so allmälig zu wohl ausgesteuerten Pfarrkirchen mit festbegränztem Pfarrbezirke erhoben.

So mag denn auch vom ursprünglichen Herrn des Hofes zu Glatt, oder noch wahrscheinlicher, nach der Schenkung dieses Hofes an's Stift, von diesem aus das erste Gotteshäuschen in Oberglatt erbaut worden sein, neben welchem ein Geistlicher vom Stift in seiner Bruderklause sein primitives Pfarrhäuslein besaß. Und als im Laufe der Jahrhunderte die Bevölkerung der Marche Flawil und ihrer Umgebung sich mehrte, ward aus dem Glatter Kapellchen die Pfarrkirche zu Glatt. Wann das geschah und wann im besondern das 1785 abgetragene Kirchgebäude errichtet ward, davon ist uns keine Kunde erhalten. Es mag schon im 12. Jahrhundert geschehen sein. Den wichtigsten Theil ihrer Fundation schenkten unserer Kirche, die nun ihren festen Sprengel von Kirchgenossen mit Zehntpflicht hatte, die reich begüterten Gielen von Glattburg, die Gerichtsherren von Gebhardswil, Burgau und Flawil, und namentlich gehörte zur Kirchendotation der unweit Magdenau gelegene Hof Kalkofen, mit dem der Kirchensatz zu Oberglatt verbunden war.

Mitte des 13. Jahrhunderts — das wissen wir sicher — war unsere Kirche längst eigentliche Pfarrkirche; denn im Jahre 1257 erscheint urkundlich der Leutpriester Heinrich von Glatt als Zeuge bei einer Guts=verschenkung durch das Stift von St. Gallen an dasjenige von Rüti, und derselbe beschwört bei ähnlicher Gelegenheit 1275 ein Gesammt=einkommen von 15 Pfund Konstanzermünze.

Der den Gielen zugehörige Kirchensatz zu Glatt (d. h. das Recht der Besetzung der Pfarrstelle mit — oft aber auch ohne — Genehmigung des Bischofs, auch Collatur, Patronat genannt) gieng an die Edlen von Baldegg über, daher wir 1316 hören, wie Ritter Hartmann von Baldegg zu Elgg den Rudolf Wetzel, Sohn des Schultheißen zu Winterthur, dem Generalvikar von Konstanz zum Leutpriester vorschlägt. Von den Baldeggern kam der Kirchensatz sodann an die Edlen von Landenberg zu Greifensee, um schließlich 1363 durch Verkauf sammt dem Hofe Kalkofen und dessen Gerechtsamen an's Stift Magdenau überzugehen, das auch den Hof zu Oberglatt mit der niederen Gerichtsbarkeit erworben hatte. Um diesem Stifte aufzuhelfen, wurde sodann mit päpstlicher Gutheißung 1389 die Pfarrkirche Oberglatt mit ihrem ganzen Kirchenvermögen, welches 20 Mark Silbers eintrug, dem Klostergut Magdenau förmlich einverleibt, wogegen dieses nunmehr den Pfarrgehalt und die übrigen Kirchenbedürfnisse zu bestreiten hatte. Und dabei blieb es bis Ende des 16. Jahrhunderts, wo Aebtissin und Convent des Klosters das Patronatsrecht freiwillig dem Abte von St. Gallen übertrugen, wovon wir später hören.

Der zur stattlichen Pfarrei gewordenen Kirche an der Glatt wurden im Laufe dieser Jahrhunderte zwei Töchter geboren. Die Bevölkerung des gewaltig ausgedehnten Kirchspiels war nämlich angewachsen und hatte sich an einzelnen Punkten konzentrirt, indem die zerstreuten Höfe immer mehr überbaut wurden und zu zusammenhängenden Dorfschaften sich zusammenschlossen. Und je mehr das geschehen, desto mehr empfand man das Lästige des weiten Kirchweges und erwachte der Wunsch, wenigstens zu Zeiten näheren Gottesdienst zu haben und Gelegenheit zu stiller Andacht am Altare.

Aus diesem Bedürfnisse gieng zunächst die Kapelle zu Flawil hervor, die im heute noch so genannten „Kirchhof" stund. Ihrer wird zuerst in einer Schenkungsurkunde von 1178 erwähnt. In diesem Jahre ward nämlich die Kapelle sammt ihren Gerechtsamen von unbekannter Hand der etwa 50 Jahre zuvor in der Waldwildniß der Thurquellen gegründeten Einsiedelei St. Johann geschenkt, in deren Händen das Verfügungsrecht über sie zur Zeit der Reformation noch stund, als die Kapelle eine erwünschte Zuflucht des kleinen Häusleins wurde, das dem alten Glauben treu blieb.

Eine zweite Tochter entstammte unserer Mutterkirche später zu Degersheim. Gegen Ende des 15. Jahrhunderts errichteten die Degersheimer mit Hülfe Magdenau's eine dem St. Jakob geweihte und von Aebtissin und Convent von Magdenau bestallte Kapelle. Der damalige Pfarrer von Oberglatt, Rudolf Ritter, der darin einen Verlust für die Mutterkirche und eine Schmälerung ihrer und seiner Einkünfte sah, erwirkte vom Abte zu St. Gallen den Spruch: diese ohne Zustimmung derer zu Glatt gebaute Kapelle dürfe nur unter der Bedingung geweiht werden, daß daran kein eigener Geistlicher angestellt, an Sonntagen keine Messe gelesen und der Gottesdienst zu Glatt nicht versäumt werde. Und in der That, feierlich mußten Abgeordnete von Degersheim die Erfüllung dieser Bedingungen in die Hand des Priesters beschwören, ehe die Einweihung vollzogen wurde.

Die Geschichte läßt uns über die weiteren Schicksale unserer Kirche bis auf die Tage der Reformation völlig im Dunkeln. Doch ehe wir zu diesen übergehen, mag es am Platze sein, ob wir auch keineswegs die weltliche Entwicklung der Gemeinde zu verfolgen gedenken, doch anzudeuten, wie unser heimische Boden der Schauplatz interessanter politischer Entwicklungen und Verwicklungen war und wie der Kriegslärm des rohen, fehdereichen späteren Mittelalters so oft das stille Thälchen umrauschte und durchtobte, wo uns're Kirche steht. Ein Erdenfleck, so reich von Ritterburgen umkränzt und von der Verbindungsstraße der wichtigsten Landestheile durchzogen, mußte ja manch' blutiges Schauspiel in seiner Nähe sehen. Und wie viele Burgen lugten einst von den Gränzen der Marche Flawil von den Höhen zu Thale, von denen aus emporgekommene freie Geschlechter Land und Leute regierten! Da im Osten die Schlösser Rosenberg und Oberberg. Im Norden, freilich nicht in der Höhe, sondern unten am Glattobel das stolze Burgsäß der Gielen, Glattburg. Im Westen fünfe neben einander: Landegg, die Stammburg der Schenken, auf dem vorspringenden Felsen zwischen Ramsau und Bubenthal; Schloß Eggenberg mit den Edlen gleichen Namens, der Landegg gegenüber; Gielsberg, gleichfalls in der Nähe im Hofe Bubenthal, und Kraienberg, dessen Burgstelle später ebenfalls den Eppenbergern gehörte und noch ein fünftes Schloß, dessen Spuren in der Lämmerwiese bei Magdenau sich finden, dessen Geschicke und ursprüngliche Eigenthümer aber, wie des Kraienberg, völlig im Dunkeln liegen. Und endlich im Süden, hochthronend über dem Dörflein gleichen Namens, das den Gielen zugehörige Burgsäß Burgau, zum Schlosse Helfenberg jenseits der Glatt, einer dritten ursprünglichen Gielenburg, hinübergrüßend. — Das war ein stolzer Burgenkranz, und es mag ein schauerlich schöner Anblick gewesen sein, wenn in Zeiten drohender allgemeiner Kriegsgefahr des Nachts die Signalfeuer von all' den Höhen grüßten. Aber auch hundertmal mag unser stilles Thälchen drunten und unser friedliches Dorf droben in Allarm gekommen sein, wenn die Burgherren mit ihren Hörnern und Reisigen durchzogen, unter einander zu raufen, und manch' ein blutiger Strauß spielte sich in der Nähe ab, bis diese Burgen später alle gebrochen waren. Dazu durchzogen unzählige Male die Kriegsleute des Stiftes unser Thälchen zu ihren Fehden in Nähe und Ferne. Manches dieser Kriegsbilder ist uns erhalten. Im Appenzeller Kriege z. B. litt unsere Gegend schwer unter den Streifzügen der verbündeten Appenzeller und Schwyzer, und als vollends diese 1403 die Schlösser Glattburg und Eppenberg verbrannten, wurden Flawil und Burgau hart mitgenommen. Von den eroberten Schlössern, wie z. B. von Burgau und ihren Verschanzungen zu Gebhardswil und Niederglatt aus machten jene plündernde Ausfälle und die Flawiler mußten zusehen, wie sie mit ihren Weibern auf ihrer Zelg das Korn wegschnitten und fortführten. Am 2. Wintermonate stand Gebhardswil in Flammen und war das Schauspiel eines blutigen Gemetzels, das die Aebtischen unter den Schwyzern anrichteten. In ihrem Freiheitsdrange ließen sich die Burgauer von den Appenzellern förmlich als Landsleute aufnehmen, mußten aber bitter dafür büßen. Denn als im Jahre 1428 Friedrich von Toggenburg den Feldzug gegen die Appenzeller eröffnete und mit 1600 Mann auch die Gegend von Magdenau besetzte, ließ er Burgau seine Rache fühlen.

In fast ununterbrochenem Haber standen unsere freiheitsliebenden Vorfahren mit ihren Gerichtsherren, den Gielen von Glattburg. Umsonst, daß Rudolf Giel, einer der besten seines zahlreichen Geschlechtes, mit seinen Gerichtsunterthanen zu Flawil und Burgau in sogen. Offnungen über die gegenseitigen Rechte und Pflichten sich verständiget hatte, die Zerwürfnisse hörten nicht auf. Und sie wurden nur ärger, als Rudolf Giel seine Besitzungen an seinen ältesten Sohn Werner abtrat. Als dieser einen Bürger von Burgau im Schuldverhaft schmachten ließ, obschon man schon drei Male um seine Befreiung gegen Geiseln und Bürgschaft gebeten, brach der Sturm los. Es war den 20. Juni 1485. Schon einige Tage zuvor, am Lichtensteiger Jahrmarkte, war von der Sache geredet worden und eine große Aufregung unter alle Toggenburger gekommen. Jetzt war Sonntag und Viele aus Flawil, Burgau und Umgebung hatten sich an einer Hochzeit gütlich gethan, denn damals hielt man am Sonntag Hochzeit und es bedurfte besonderer obrigkeit= licher Erlaubniß, um an einem Werktag Hochzeit zu halten. Beim Weine beschloß man, den Gefangenen mit Gewalt zu befreien und schritt sofort zur That. Die Burg wurde erbrochen und der Gefangene in Freiheit gesetzt; der Schloßherr konnte durch einen geheimen Ausgang entschlüpfen, seine Veste aber wurde völlig niedergerissen. Darauf verkaufte Werner Giel alle seine Besitzungen und Vogtsrechte an den Abt von St. Gallen. So kamen Burgau und Flawil des Gänzlichen unter die Herrschaft des Stiftes, unter dessen Krummstab leichter wohnen war und ein freund= licheres und ruhigeres Verhältniß sich anbahnte.

Indessen wie schon eine Weile vor dem ausbrechenden Sturme der Himmel vom Föhn sich hellet und hie und da ein Windstoß die Baumkronen schüttelt, so waren am Horizont der Zeit bereits schon die Spuren zu schauen — und gerade auch dieser Geist kecker Auflehnung der Bürger gegen den herrschenden Adel war eine solche — die Spuren, daß das Mittelalter zu Ende gieng und eine neue Zeit im Anbruche war. Die neuen Erfindungen, die Kunde von neuentdeckten Erdtheilen weckten Selbst= und Kraftbewußtsein und weiteten den Blick. Das alte Feudalwesen war in langsamer Auflösung begriffen, die meisten Burgen lagen gebrochen und der Adel, durch die neue Kriegsweise in seiner Macht geschwächt, sank und verkam; der Unterschied von Freien und Hörigen verwischte sich mehr und mehr. In den Tiefen der Volksseele gährte der Geist der Freiheit und ihm, der zuerst noch nach Klarheit seiner Ziele rang, stund neben dem morschenden Feudalwesen als Angriffs= objekt gegenüber eine bis auf die Fundamente durchfäulte, von Geist und Glauben und sittlicher Kraft verlassene Kirche. Alles deutete daraufhin: ein Altes sinkt in den Tod und ein Neues liegt in den Wehen des Werdens. Dieser neuen Zeiten Brücke war die Reformation, und schon flatterten allenthalben die Sturmvögel ihres heiligen Gewitters; über den Rhein waren sie gekommen und durchflogen auch die Stifts= lande des heiligen Gallus. —

II.

Die Reformationsbewegung und die ersten Gegenwellen.
(1520—1563.)

Die italienischen Feldzüge, der Sturm von Mailand, die Riesen=
schlacht von Marignano waren vorüber. Sie hatten viel eidgenössisches,
auch toggenburgisches Blut gekostet. Aber sie hatten auch vollends den
Toggenburger Freiheitsgeist geweckt, der sich in jugendlicher Verirrung
zunächst durch trotzige Verachtung obrigkeitlicher Gebote äußerte. Es
sollten ihm nun bessere Wege geöffnet werden.

Die „wittenbergische Nachtigall" (Luther) hatte ihr Lied
angestimmt: „Eine feste Burg ist unser Gott". Im Donnerhall
gieng es durch Teutschland, und bald erschallte es von der Kanzel des
Großmünsters zu Zürich aus Zwingli's Munde in gleichen Tönen. Mit
Blitzesschnelle, als hätte der Volksgeist schon lange auf seine Erlösung
gewartet, zündete die neue Lehre auch durch's Schweizerland. In der
Stadt St. Gallen fand sie im hochgebildeten Bürgermeister Vadian, in
Pfarrer Burgauer und in Keßler, dem gelehrten Sattlermeister, ihre
Fürsprecher und Propheten, und von der Stadt aus zündete das Feuer
nach allen Seiten und ergriff in der Landschaft Priester und Volk
Das Rheinthal, das Toggenburg und selbst das Fürstenland — Alles
fiel der neuen Lehre zu und durchschnittlich nur ein Fünftheil der
Bevölkerung blieb der alten Kirchensatzung treu. Die Priester hatten
die Wahl, ihr Meßbuch mit der Bibel zu vertauschen oder ihre Pfründen
aufzugeben. 1524 konnte der toggenburgische Landrath bereits das
Ansinnen an die Geistlichen des Landes stellen, hinfort das lautere
Gotteswort zu verkündigen, und die große Mehrzahl sagte zu. 1529
stellte unter dem Einflusse Zwingli's die toggenburgische Synode schon
eine völlige evangelische Kirchenordnung auf.

Als einer der eifrigsten Beförderer der Reformation im Toggenburg
erwies sich der 1519 nach Oberglatt berufene Leutpriester Johannes
Scherrer. Sein Einfluß bewirkte, daß schon 1523 der größte Theil
der Kirchgenossen zu Oberglatt den neuen Anschauungen huldigte und

die dem katholischen Bekenntnisse treu bleibende Minderheit sich passiv verhalten und auf ihre Kapelle zu Flawil zurückziehen mußte, wo sie wohl lange Zeit ohne einen eigenen Geistlichen war. Vielleicht noch eifriger wirkte seit 1526 sein Nachfolger Johannes Stabelmann, der vor Scherrer den Ruf sittlicher Unanfechtbarkeit voraus hatte und mit einer ehemaligen Nonne des Klosters Magdenau verheirathet war. Er genoß über seine Gemeinde hinaus, an der er mit unermüdetem Eifer und Treue im Dienste des Evangeliums wirkte, ein so großes Ansehen, daß er 1536 das toggenburgische Bürgerrecht erhielt. Ihm folgte in treuer Erfüllung des evangelischen Amtsdienstes Peter Speich von 1554 an. Diese ersten evangelischen Pfarrer von Oberglatt und ihre nächsten Nachfolger im 16. Jahrhundert hatten auch alle 14 Tage den Evangelischen zu Degersheim in dortiger Filialkapelle zu predigen, bis 1609 durch Machtspruch des Abtes die Kapelle den Evangelischen ver= schlossen wurde; ferner hatten die Pfarrer von Oberglatt zu Niederglatt die gottesdienstlichen Funktionen zu versehen, bis 1580 die dortigen Evangelischen gemeinsam mit denen zu Henau sich einen eigenen Pfarrer berufen konnten. Endlich wurde auch in St. Verena bei Magdenau von Oberglatt aus eine Weile Gottesdienst gehalten für die Evangelischen von Wolfhartswil, die dann, von Armuth getrieben, 1606 dem Gottes= hause Magdenau um den Preis der Enthebung vom niederen Zehnten ihre Ueberzeugung opferten und sich nur vorbehielten, an Festtagen in Oberglatt Predigt und Kommunion besuchen zu dürfen, „bis die katholische Religion wieder in bessere Uebung komme". So waren denn meine Amtsvorgänger im 16. Jahrhundert vielbemühte und umhergetriebene Leute, die ihre evangelische Ueberzeugungstreue in antreibendem Dienste bewährten.

Noch unter Pfarrer Stabelmann war indessen ein für die Entwick= lung unserer Kirchgemeinde überaus Wichtiges geschehen. Die Oberglatter machten sich nämlich 1528 die klägliche Lage des Klosters Magdenau zu Nutze, um unter dem Scheine eines Loskaufes Kirchensatz und Zehnten vom Kloster abzulösen und sich so in jeder Richtung frei und selbständig zu machen. Auch in's Kloster Magdenau war nämlich die Zügellosigkeit jener Zeit eingedrungen, um so ungenirter ließ der Pöbel seiner Frechheit gegen Kloster und Insaßen die Zügel schießen. Viele Nonnen hatten bereits das Kloster verlassen, die Aebtissin Afra Schenk von Oberbüren hatte den Sohn des Ammanns Schnetzer von Flawil, die Nonne Eva Schenkli von Wil den Bauer im Botsberg (man sagte damals „Bocksberg"), eine dritte den Pfarrer Stabelmann zur Ehe genommen. Das in seinem Conventsbestand dezimirte, von Volkserzessen bedrohte, von seinen an ihrem Ort ebenfalls bedrängten Schirmvögten im Stiche gelassene und vom Landrathe eigenmächtig bevogtete Kloster war völlig wehrlos. Da wurde am 8. November 1528, offenbar als Schluß längerer Händel zwischen den Oberglattern und dem Kloster, laut der ältesten und ersten Urkunde unseres Archives ein „ewiger, aufrechter und beständlicher" Kaufvertrag abgeschlossen. Das Kloster war vertreten durch seinen Ober= vogt, Stadtschreiber Steiger von Lichtensteig, die Gemeinde Oberglatt durch „Ruti Baumann von Tegerschen und Hans Tamann zu Entzenschwil,*) Ammann Hans Schnetzer zuo Flaweil und Ammann Lentzen zuo Burgauw." (Erkauft wurde: „der Hof zuo Glatt mit hauß, stadel, wisen, äckeren, holz, feld, grund, gratt, aller gerechtigkeit und zugehörd, sampt allen zehenden, so das gedacht Gottßhauß Magdenauw in derselben Parchi**) glatt gehebt, außgeschlossen die zehenden, wie hernach bestimbt . . ." — „auch mit beding, daß sie von glatt, den Pfaffen on (ohne) deß Gottß= hauses entgeltnuß, kosten und schaden haben, und auch die bruck als (allezeit) ohn des Gottßhauß schaden machen und in ehren halten . . ." Der Kaufpreis war die Kleinigkeit von 200 Pfund Pfenning Konstanzer Währung, und ausdrücklich sagt die Vertragsurkunde nochmals, daß die Oberglatter mit dem Hof nun handeln dürfen nach ihrem Nutzen und Gefallen, als mit ihrem eigenen Gut.

Doch die Freude an diesem vortheilhaften Gelegenheitskaufe ward denen von Glatt bald genug geschmälert und getrübt. Es kamen ja bald die traurigen Kämpfe bei Kappel und am Gubel, wo die Sache der Evangelischen der ganzen Eidgenossenschaft den härtesten Stoß erlitt und die Niederlage Zürich's und seiner Bundesgenossen das Signal wurde zur allgemeinen Abrüstung der Reformation. Das Toggenburg, das geglaubt hatte, durch den 1530 erfolgten Loskauf aller äbtischen Hoheits= und Eigenthumsrechte seine völlige Unabhängigkeit und Selb= ständigkeit — die es seit Beginn der Reformationswirren thatsächlich schon behauptet hatte — in bester Form errungen zu haben, wurde vom entmuthigten Zürich nicht mehr unterstützt, kam wieder unter den Abt und ward vom allgemeinen Frieden des Jahres 1531 ausgeschlossen. Nach zähem Widerstande mußte es 1538 den Toggenburger Landfrieden eingehen, der seinen Loskauf in aller Form aufhob, Jedem zwar frei= stellte, sich zum evangelischen oder katholischen Glauben zu bekennen, aber den Abt wieder in alle Hoheits= und Lehensrechte einsetzte und ihm damit die Macht zu aller, namentlich auch indirekten Bedrückung in die Hand gab. Alle in den Reformationsstürmen gefertigten Briefe, Sprüche und Verträge sollten entkräftet sein.

So kam denn 1563 auch der Glatter Hof=Ankauf und Zehnten=

---

*) Entzenschweil oder Entzweil, Enzwil heißt seit dem Ende des 17. Jahr= hunderts zum Unterschied von Langenentswil Grobenentswil, nach Hans Grob und dessen 1643 geborenen Sohne Johannes Grob, der sich als Leinwandhändler, fürstäbtischer Landeskommissär und vor allem als Dichter einen bedeutenden Namen erwarb.

**) Parchi = Verstümmelung von Parochie = Kirchgemeinde.

Loslauf an die Reihe der Beanstandung. Nach Urkunde Nr. 3 ward am Tag der alten Fastnacht in Lichtensteig durch von beiden Parteien gewählte Schiedsrichter unter dem Vorsitze des Landvogtes Tschudi von Glarus Gericht gehalten, zu dem die Aebtissin persönlich mit ihrem Rechtsbeistande erschien und die Oberglatter den Heini Tanner aus dem Thal, Hans Gemperli von Tegerschen und Jakob Baumann von Alterswil mit Beisitzern und dem alt Schultheißen Ritter von Lichtensteig, als ihrem Anwalte, abordneten. Die Aebtissin betonte nun in ihrem Vortrage, daß sie jenen Kauf nothgedrungen, um das Kloster vor dem Aeußersten zu retten, habe eingehen müssen und daß derselbe daher ungültig und anerbot den Glattern, die Kaufsumme völlig zurückzuerstatten. Diese aber beriefen sich auf die formelle Rechtsgültigkeit des Kaufaktes. Das Gericht entschied nach langen, des Weiten und Breiten protokollirten Verhandlungen: daß jetzt und fürderhin Collatur und Kirchensatz, sammt Lehenschaft zu Oberglatt dem Gotteshause Magdenau wiederum zugehören und dienen soll, der Art, wie der Abt von St. Gallen nach dem Landsrieden im Toggenburg Collaturen und Lehenschaften zu Recht habe und wie die Sprüche und Verträge es aufweisen. Die Gemeinde Oberglatt solle Priester und Prädikanten, so je zu Zeiten da sind und sein möchten (offenbar sind eigene Priester für die katholische Minderheit, wenn noch nicht da, doch vorgesehen) sammt dem Hause und was zu der Pfarre gehört, ohne des Gotteshauses Schaden und Kosten nach Ehren und Nothdurft erhalten. Ebenso hat sie die Brücke in eigenen Kosten zu erhalten. Dem Gotteshause sind auf Martini 200 Gulden zu bezahlen; im Uebrigen soll es bei dem Kaufe von 1528 sein Verbleiben haben und sollen beide Parteien sich fürderhin als gute Freunde und Nachbarn gegeneinander betragen.

Beide Parteien waren mit dem Urtheile wohl zufrieden. Auch die Gemeinde Oberglatt durfte sich zu demselben nur gratuliren angesichts der Zeitläufe. Sie behielt den Hof, auf dem sie einst gleich nach geschehenem Kaufe sich ein Meßmerhaus eingerichtet hatte, sie hatte die meisten Zehnten gegenüber dem Kloster an sich gezogen. Und hatte sie auch die Collatur wieder an's Kloster zurückgeben müssen, — nun, der Pfarrer, ob auch vom Kloster bestellt, doch kaum ohne Vorschlagsrecht, — aß ja jetzt das Brod der Gemeinde und mußte sich daher doppelt als der ihrige fühlen, und schließlich hatten die Oberglatter die Collatur eigentlich doch eigenmächtig in den Kauf genommen, ausdrücklich war sie im Kaufvertrage von 1528 nicht mitbedungen; sie war wohl einfach in den Tagen der Machtlosigkeit des Fürstabtes zu St. Gallen und der Aebtissin zu Magdenau in den 20ger Jahren usurpirt worden.

—

III.

Die völlig paritätische Gestaltung der Verhältnisse bis zum Zwölferkriege.

(1563 – 1712.)

Unterdessen hatte die Gegenreformation ihre Wellen noch mächtiger durch's ganze Land geworfen. Der Abt betrieb sie mit allen Mitteln und Mittelchen, die die eng=buchstäbliche Deutung des Landfriedens zu= ließ. Was ihm gegenüber den Evangelischen in den Friedensartikeln nicht ausdrücklich verboten war, war jedesfalls erlaubt. Die Evangelischen wurden bei Vergebung von Stellen, Lehen, Ehhaften ꝛc. hintangesetzt, ihre Prediger heimlich in den Kirchen auf jedes einer bösen Deutung fähige Wort hin ausgehorcht. Das Psalmensingen, die Abhaltung von Kinderlehren und Bettagen, diese dem evangel. Bekenntniß eigenen und zur Befestigung evangelischen Bewußtseins bei Jung und Alt ganz be= sonders dienenden Cultusakte, die Aufstellung eines eigenen Ehegerichtes ꝛc. wurden den Evangelischen verboten mit Berufung darauf, daß sie das alles vor dem Frieden von 1531, in den das Toggenburg doch nachträglich auch noch war aufgenommen worden, nicht gehabt hätten. Die durch den Frieden gebotene Theilung der Kirchengüter wurde da überall verschoben, wo die Katholiken vorläufig noch in starker Minder= heit waren, wie gerade in Oberglatt; den evangel. Predigern wurde geboten, kathol. Feiertage zu verkünden, katholische Gebete herzusagen, den Katholiken in paritätischen Kirchen gestattet, den Taufstein mit spitzen Deckeln zu versehen, so daß die Evangelischen ihre Taufbecken nicht auf= zustellen wußten, und was der gehässigen Neckereien noch mehr waren. Gelegentlich aber brauchte der Abt auch Gewalt; namentlich in den ursprünglich fürstäbtlichen Landen, wo der Einspruch der evangel. Stände nicht so rasch zu besorgen war, wurden die Gemeinden geradezu in den kathol. Gottesdienst zurückgezwungen. Freilich konnte bei all diesen Machenschaften der Fürstabt nach erfolgten Beschwerden sich nicht ganz mit Unrecht darauf berufen, daß die evangel. Stände in den gemein= samen Vogteien mit ähnlichen Mitteln zu Gunsten ihrer Konfession vorgehen. Die Gewaltthätigkeit in kirchlichen Dingen lag eben damals überhaupt im Geiste der Zeit.

Als Toggenburger und wegen ihrer starken Vierfünftelsmehrheit kamen die Evangelischen zu Oberglatt noch glimpflich weg. Das kleine und offenbar arme Häuflein der Katholiken, wenigstens vorläufig ohne eigenen Pfarrer, zog sich auf die Kapelle in Flawil zurück und wagte nicht, seine Antheilsrechte an der Pfarrkirche zu Oberglatt geltend zu machen. Aber der energische Abt Bernhard im Einverständniß mit dem Kloster Magdenau wußte endlich Rath. Dieses hatte ja seit dem Spruch von 1563 nicht nur den Kirchensatz zu Oberglatt wieder in der Hand und dazu das verbriefte Versprechen der Gemeinde, „Prädikanten und Priester die sie je hätten", in eigenen Kosten aus den überlassenen Zehnten zu erhalten, es fehlte ihm nur die Macht und der Muth, die Nachbar= gemeinde zur Erfüllung ihrer Verpflichtungen zu verhalten. Aber diese Macht und diesen Muth, den das Kloster nicht hatte, hatte der Abt, und so übergab es denn 1596 den Kirchensatz zu Oberglatt mit allen Rechten dem Abte in der Hoffnung, der kath. Gottesdienst, der, wie es in dem Briefe heißt, „leider jetzt viele Jahre in Abgang gewesen, werde wieder auf= gerichtet, was es nicht hätte zu Wege bringen können." Und der Abt sorgte dafür, daß diese Hoffnung bald Wahrheit wurde und machte dabei kurzen Prozeß. Am 22. November gleichen Jahres fuhren in seinem Auftrage nächtlicherweile der toggenburgische Landvogt und der Landschreiber im Begleit etlicher Maurer und Werkleute nach Oberglatt und errichteten in der Kirche einen Altar, wozu man von Gossau das bereitgehaltene Material herbeiführte. Man hatte es bei diesem listigen Ueberfall so eilig, daß in fünf Stunden die Arbeit fertig war. Am 13. Februar 1597 wurde die gemalte Chortafel aufgestellt, für die der Abt dem Maler Hansen 66 Gulden erlegt hatte, und drei Tage später hielt der Fürstabt selbst im Beisein einer großen Volksmenge aus der Umgebung die erste feierliche Messe in Oberglatt. Immerhin verblieb der weitaus größere Theil unserer Vorfahren beim Evangelium.

So war also unsere Kirche paritätisch geworden und blieb es bis 1771.

Die katholische Gemeinde, die jetzt bald, wenn nicht schon früher, zu einem eigenen Pfarrer kam, bedurfte dringend eines Pfarrhauses. Zu diesem Zwecke kaufte der Abt im Jahre 1600 zu Flawil ein Haus, das, wie es in den Rechnungsbüchern des Abtes heißt „könne Pfarrhaus werden", aber noch 1604 einfach das Haus zu Flawil genannt wird. 1627 wurde es abgerissen und neu aufgeführt mit 800 Gulden Kosten, brannte aber schon 1650 bei einem großen Brande nieder und wurde dann wieder an gleicher Stelle aufgebaut, obwohl Viele den Pfarrhof lieber nach Oberglatt verlegt gesehen hätten. Urkundlich sicher ist, daß schon 1626 die Katholiken ihren eigenen seßhaften Pfarrer hatten, der in der Kapelle zu Flawil und in der Pfarrkirche zu Oberglatt zugleich seines

Amtes wartete, aber eine so kleine Gemeinde besaß, daß er in sechs Jahren nur 32 Kinder zu taufen hatte und eine Trauung geradezu eine Rarität war. Für den Unterhalt des katholischen Kirchenwesens bequemten sich viele Katholiken zu einem freiwilligen Juchartgeld von ihren sonst zehntfreien Gütern. Hiefür aufzukommen lag ja freilich in der vertrag-lichen Pflicht der Gesammtgemeinde Oberglatt; aber die Erfüllung dieser Pflicht ließ offenbar zu wünschen übrig. Lange nach dem Jahre 1597 erwähnen die Gemeinderechnungen nur der Besoldung des evangelischen Pfarrers und seiner persönlichen Theilnahme bei den Rechnungsablagen; erst in den 20er Jahren nehmen fürstäbtliche Abgeordnete hie und da Theil und der Anwesenheit beider Pfarrherren und der beiderseitigen Kirchmeier geschieht erst von 1636 an regelmäßige Erwähnung, nachdem 1635 ein Richterspruch nach offenbar langwierigen Händeln, wobei die Katholiken in ihren Rechten verkürzt worden zu sein scheinen, Ordnung geschaffen hatte.

Die Evangelischen scheinen nämlich üble Miene zu der Besitzergreifung der Kirche durch die Katholischen gemacht zu haben und ungern an die Besoldung des Geistlichen der kleinen Minorität ein Gleiches wie für ihren Prädikanten ausgeworfen zu haben, sie hätten wohl lieber das Kirchengut getheilt gesehen; aber das wollte der Abt nicht, weil nach dem Frieden die Kopfzahl maßgebend gewesen wäre. Unterm 9. Januar 1635 kamen laut Urkunde 9 die Streitigkeiten vor Pfalzrath, wo die Ver-treter der „Kilchgenossen und Gmeind beider Religionen zu Oberglatt" vorstellig wurden. Der Pfalzrath entschied: Es verbleibe beim Vergleiche von 1563. Die Gesammtgemeinde habe aus den Einkünften des ungetheilten Kirchengutes (dem damals erkauften Zehnten) jährlich 560 Gulden auf Martini auszuscheiden. Davon soll jeder Pfarrer zu seinem Unterhalte 260 Gulden erhalten, aus den übrigen 40 Gulden sollen die besonderen Bedürfnisse des katholischen Kultus bestritten werden. Dazu seien aus dem Kirchengute beide Pfarr-häuser, Kirche, Friedhof rc. und die Glattbrücke zu unterhalten. Den beiden Pfarrherren soll in der Gemeindewaldung das nöthige Holz jähr-lich zum Schlage angewiesen werden. Und damit Alles seinen geordneten Gang gehe, sollen „von jeder Religion" eine gleiche Zahl der Obrigkeit genehmer Pfrundpfleger erwählt werden, die alljährlich Rech-nung ablegen, wie denn die Rechnungsprotokolle von jetzt an 4 Kilch-meier aufführen.

Der Richterspruch bestimmte auch, das Meßmergut solle in zwei gleiche Theile getheilt werden. In der gleichen Gerichtssitzung, den 8. November 1528, als die Flawiler von dem bedrängten Magdenau Hof und Zehnten zu Oberglatt kauften, hatten sie sich einen Kaufvertrag be-stätigen lassen, wornach sie den untern Theil dieses erkauften Hofes mit Haus, Wiesen, Sennhütte und Schweinstall und den untern Aeckern, Alles an

Gebhardswiler und Flawiler Güter anstoßend, um den Preis von 351 Gulden dem damaligen Meßmer Bernhard Schell abtraten, wogegen dieser für sich und seine Nachkommen sich verpflichten mußte, den Meßmerdienst untlagbar zu versehen, im Hause keine Wirthschaft einzurichten, mit den Nachbarn das Brücklein über den Burgauerbach zu unterhalten und dessen Wasser von der Glattbrücke abzuleiten. — In dieses Meßmergut sollte sich nun der katholische Meßmer mit dem evangelischen theilen. Auf den 23. April 1636 wurde ein förmlicher Theilrodel (Urkunde Nummer 12) durch „Ausgeschossene" beider Konfessionen auf= gestellt. Alles bis auf den Grasnutzen im Kirchhof wurde in zwei gleiche Hälften ausgeschieden und je eine jeder Konfession als Eigenthum zugeschieden, nur das Haus sollte gemeinsames Eigenthum sein. Die Pflicht des außergottesdienstlichen Läutens liegt quartalweise abwechselnd bald auf dem einen, bald auf dem anderen Meßmer, der jeweilen still= stehende hat dafür das Wasser von der Glattbrücke abzurichten.

Diese naheliegende Vereinbarung betreffend das Meßmergut war immerhin nur ein Nothbehelf. Daß der katholische Meßmer in Oberglatt wohnte, sein Pfarrer bei der auch von ihm zu bedienenden Kapelle in Flawil, hatte natürlich seine Unzukömmlichkeiten, und so fand denn schon 1694 ein neuer Vergleich statt, wonach die Katholischen ihr Meßmer= gut nach Flawil zogen und sich nur den halben Grasnutzen auf dem Friedhofe von Oberglatt vorbehielten. Dem katholischen Pfarrer, der wahrscheinlich bisher im Meßmerhause sein Absteigequartier gehabt, wurde im Wirthshause zu Oberglatt ein Wartstübchen eingerichtet.

Durch all' diese Vergleiche war die Hauptursache des gemeindlichen Zwistes, die Lastenvertheilung, leidlich geregelt, und es trat Friede ein. Zumal noch 1637 durch einen neuen Spruch das Kloster Magdenau verpflichtet worden war, von seinen unverliehenen Gütern im Gemeinds= banne den Kirchenzehnten zu entrichten, sowie seine Lehensleute verhalten wurden, dasselbe zu thun von ihrem eigenen Gut, gleich den Lehensleuten des Klosters St. Johann auf den paar Lehengütern im Dorf Flawil. Dafür daß nun Alles diesen Sprüchen gemäß zugehe, sorgte der Abt dadurch, daß er fast regelmäßig zu den jährlichen Gemeinderechnungsab= lagen einen Beamten abordnete. Die paritätische Kirche besaß nebst ihren Zehnten und Gütern einen in guten Briefen angelegten Pfrundfond, der 1659 auf 1,116 Gulden sich belief.

Aber während ins kirchliche Leben unserer Gemeinde Friede ein= lehrte, setzte sich draußen durchs ganze Land der Kampf gegen die äbtische Bedrückung fort mit einer immer größeren Erbitterung. Es war überhaupt das 17. Jahrhundert eine für das evang. Toggenburger

Volk und für die evang. Pfarrer voraus gar trübe Zeit. Der kirchliche Hader erfüllte sozusagen das ganze öffentliche und private Leben. Umsonst, daß der sogenannte Rapperswiler Spruch den Evangelischen im Toggenburg die Religionsfreiheit zugesichert, die Gegenpartei kehrte sich oft gar wenig daran und fürstäbtische Landvögte vom Schlage eines Schorno begünstigten nur zu gerne die kleinlichen Bedrückungen. Besonders in den Gemeinden mit paritätischen Kirchen und evangelischer Minorität nahmen die Reibereien kein Ende. Eingereichte Klagen nützten meist wenig oder zogen unversöhnlichen Haß und bittere Strafen nach sich, wie es 1616 Ammann Steiger von Flawil erfuhr wegen seiner Vorstellungen bei Schwyz und Glarus, den alten Toggenburger Schirmorten, 1662 Dekan Richard von Oberglatt, den seine Fürsprache für den so ungerecht in ein grausames Gericht genommenen und schmählich aus dem Lande gejagten Pfarrer Braun von Lichtensteig selbst in Amt und Land unmöglich machte nach 36=jährigem treuen Amtsdienste. Es kam ja jetzt das Klagewort auf, die Toggenburger seine „arme Rothenburger."

Dazu brachte dieses Jahrhundert so viele schwere Heimsuchungen durch Pestilenz und Naturereignisse. 1611 wüthete der schwarze Tod so furchtbar im Lande, daß man vielerorts die Leichname wagenweise wie Säcke auf die Friedhöfe fuhr. Wie viele Leben sie in unserer Gemeinde kostete, läßt sich nicht sagen, da das Todtenbuch nicht so weit zurückreicht, aber es geht die Sage, daß von den zahlreichen Steigeren Flawil's nur noch ihrer zwei übrig geblieben seien. 1629 und 1635 kehrte die Pest wieder. 1643 und 1690 ging der Hunger durch's Land, gleichfalls den Tod im Gefolge und von bösen Wettern, Wassersnöthen, Viehseuchen und Feuersbrünsten wissen die Chroniken merkwürdig Vieles und Trauriges zu erzählen. Und draußen in deutschen Landen wüthete verheerend der 30jährige Krieg, und in Frankreich litten gegen Ende des Jahrhunderts die Evangelischen grausame Noth und das alles fühlten unsere Vorfahren theilnehmend mit. Kurz alles schien zusammenwirken zu müssen, um diesem Jahrhundert einen trüben Stempel aufzubrücken.

Und mit denselben trüben Klängen, mit denen das 17. Jahrhundert ausgeläutet hatte, läutete das 18. Jahrhundert ein. Die immer brutalere Einengung der alten Toggenburger Rechte und Freiheiten durch den Fürst=Abt führten bei dem unbezähmbaren Unabhängigkeitsgeist dieses Völkleins 1712 zum Toggenburger= oder Zwölferkriege, der sich geradezu zum eidgenössischen Religionskriege ausgestaltete. Heftige kriegerische Wirren gingen ihm im Toggenburg voraus. Es war eine Zeit der unaufhörlichen Unruhen und Aufregungen, und wenn auch unsere, den toggenburgischen Hauptorten entfernteste, dem Fürstenland zunächst gelegene Gemeinde vielleicht am wenigsten in diese Wirren hineingerissen war, es war doch auch für unsere Vorfahren eine gar bewegte Zeit um die 12 ersten Jahre des letzten Jahrhunderts. — Mehr als einmal war unsere Gemeinde oder ihre nächste Umgebung der Schauplatz blutiger Szenen und allezeit stunden die evangelischen Oberglatter treu zur Fahne der politischen und religiösen Freiheit des Landes, zur Fahne des materiellen, des natürlichen Rechtes, das damals seinen Kampf mit dem formalen, auf den Buchstaben vergilbter Briefe begründeten Rechte kämpfte. Alle Augenblicke ertönt von 1707 an die Kriegstrommel und das Aufgebot zur toggenburgischen Landsgemeinde. Der altehrwürdige Kirchen- und Gemeindeplatz zu Oberglatt beherbergt an manchen Sonntagen zahlreiche, oft bewaffnete Versammlungen von Bürgern, die aufgeregt die Fragen des Tages berathen: Musterungen, Waffenschauen in den Häusern, Exercirübungen werden gehalten, Wachen werden aufgestellt zur Abwehr feindlicher Ueberfälle, Streifzüge in Nachbargemeinden werden gemacht, wo man die Evangelischen an der Ausübung ihres Gottesdienstes mit Gewalt verhindert, und mehrmals fließt dabei Blut, wie z. B. in Henau, wo es den Meßmer des fanatischen Priesters Schön das Leben kostet. Militär sammelt sich in Flawil und Oberglatt aus Furcht vor einem Einbruch der Aebtischen ins Toggenburg; ja man bildet eine stehende Freischaar aus evangelischen Oberglatter Bürgern und befestigt die Glattbrücke. Und als nun gar nach allen diesen Rüstungen und Vorspielen 1712 der eigentliche Krieg ausbricht, kommen erst recht aufregende Tage für unsere Gemeinde und nicht am wenigsten für das sonst so stille Thälchen von Oberglatt. *) Magdenau wird besetzt; Hauptmann Johann Steiger eilt mit seiner Schaar den bedrängten Evangelischen von Henau und Jonschwil zu Hülfe und kehrt nach Oberglatt und Burgau zurück, das durch den Abt von Goßau her bedroht ist. Die Aufregung muß so groß gewesen sein, daß man in den Häusern die geladenen Gewehre immer zur Hand hielt. So kam es, daß gerade in diesen Tagen — den 14. April — das 3½jährige Söhnchen des Pfarrers Fischbacher in Oberglatt sein 9½jähriges Schwesterchen unbedacht mit einer Pistole erschoß. Anfangs Mai errichteten die Aebtischen im Höferich, über welchen damals die Straße ins Fürstenland führte, einen Verhau. Bei demselben fallen in einem kleinen Scharmützel drei Toggenburger, ein Lichtensteiger, ein Wildhauser und ein Flawiler, Schustermeister Israel Steiger, die am 7. Mai in Oberglatt beerdigt wurden. Am 20. Mai ziehen 1000 Toggenburger und Berner durch den Höferich gegen Goßau, um die vor Wil liegenden Goßauer heimwärts zu locken, plündern folgenden Tages Gebhardswil, Aufhofen, Niederwil, äschern die Spitzrüti ein, werden aber, gegen Goßau vorrückend, durch die List des Fähnrich Roth zu Goßau in blinden Schrecken gesetzt

---

*) Wer sich für die Einzelheiten interessirt, kann sie nachlesen in der kleinen „Chronik" über diese Kriegsjahre, verfaßt von einem zeitgenössischen Mitbürger, Peter Pfändler ab dem Ramsberg. Das Schriftchen ist 1868 gedruckt worden.

und eilen in voller Flucht den Höferich hinunter nach Oberglatt und
Flawil, um sich dann für ihren Schrecken damit zu entschädigen, daß
sie in Niederglatt den fanatischen Pfarrer Schürpf aufsuchen, der sich
bei den Evangelischen weit umher wegen seiner Neckereien verhaßt gemacht
hatte, ihm das Pfarrhaus plündern und ihn nach Oberglatt schleppen,
wo er in einem Stalle seinen Geist aufgibt. Noch folgen sich nach
dieser häßlichen Szene einige kleine kriegerische Operationen im Höferich
und auf dem Burgauer= und dem Helfenbergerfelde; dann fällt Wil in
die Hände der Toggenburger und die katholischen Gemeinden des Unter=
amtes und das Fürstenland muß sich ergeben. Nun kommt Ruhe in
unsere aufgeregte Gegend zurück. Noch ein paar traurige Nachspiele bei
uns: die Bestrafung des Hauptmannes Bösch von Degersheim, der seine
eigenen Leute, die Flawiler Freikompagnie, verrätherisch in die Gewalt
des Feindes hatte spielen wollen, die tödtliche Verwundung einer braven
Flawiler Hausfrau, Katharina Steiger=Wiget, die ein Berner Soldat
mit einem blinden Schuß muthwillig in den Schenkel geschossen. Endlich
siegreiche Schlacht von Vielmergen und dann der Friede, der sogenannte
zweite Landfriede, in den das Toggenburg freilich erst 6 Jahre später,
1718, formell aufgenommen wurde, als an die Stelle des unbeugsamen
Abtes Bürgisser der mildere Joseph trat.

Die Toggenburger hatten nun freilich nicht, wie sie gewünscht, ihre
volle, auch politische, aber sie hatten doch ihre religiös=kirchliche Freiheit
errungen, sie waren jetzt bezüglich ihrer Kirchen=, Armen= und Schul=
angelegenheiten an die eigene Landessynode gewiesen und unter Zürichs
Obhut gestellt und ihr Landrath, ihr Appellationsrath, ihr Landgericht
bildeten nun doch etwelchen Schutz gegen die Willkürlichkeiten des Land=
vogtes. Und ob nun auch fürderhin gar je und je ein Feuerzünglein des
alten konfessionellen Zwistes aus der Asche emporleckte, — die Zustände
des Toggenburg warendoch gesichertere freiere, ruhigere, geworden und
die weiteren Kämpfe waren überwiegend politischer Natur.

IV.

Vom Zwölferkriege an bis zum Wegzuge der Katholiken aus der Kirche Oberglatt.

(1712 [1708] — 1771.)

Mitten unter den Kriegswirren, die das 18. Jahrhundert im Toggenburg einläuteten, hatten sich aber in unserer Kirchgemeinde wichtige Umgestaltungen vollzogen.

Als sich 1707 das Toggenburg frei erklärte, war es eine der ersten Thaten des neuen Landrathes, die kirchliche Freiheit zu proklamiren und Kollatur und Kirchensatz in die Hände der Gemeinden zu geben, daher denn der 1732 nach Oberglatt berufene Pfarrer sich zuerst im Taufbuche als „von der Gemeinde gewählt" aufführt, während sein 1697 gewählter Vorgänger und alle früheren Vorläufer sich einfach als „Pfarrer und Vorstehender dieser ehrsamen Gemeinde" einführen. Mit dieser That des Landrathes waren für die Evangelischen da wenigstens, wo sie in der Mehrheit waren, alle kirchlichen Fesseln abgeworfen. So ertönten denn schon am heiligen Ostertage 1707 in den Mauern unseres Gotteshauses die lang verbotenen Psalmenlieder wieder unter vielen Thränen der Rührung und Freude, wie ein Augenzeuge berichtet. Unsere Degersheimer Kirchgenossen aber benutzten rasch die neue Freiheit, um sich in ihrer Kapelle, aus der sie vor 100 Jahren Abt Bernhard verjagt, wieder festzusetzen und ihren so gerechtfertigten Wunsch nach Errichtung einer eigenen Pfarrei endlich zur Erfüllung zu bringen. Schon des folgenden Jahres, 1708, wählte sich evangelisch Degersheim seinen Pfarrer und leitete die Abkurung mit Oberglatt ein, die aber zu zähen Verhandlungen führte, im Jahre 1711 und 1718 nur ihre vorläufige und erst 1808 ihre definitive Erledigung fand (s. d. Urkunden 33, 34 und 37).

Abkurungen sind wesentlich Geldfragen und darum stets heikle Angelegenheiten, und diese Abkurung war doppelt heikel, weil das Kirchengut Oberglatt noch ungetheilt im gemeinsamen Besitz der Evangelischen und Katholiken war und weil mit diesem Kirchengut noch Servituten weltlicher Art verbunden waren, weil mit Einem Worte das

Kirchengut auch für die Zwecke der politischen Gemeindeverwaltung auf=
zukommen hatte. Erst eine neutrale Instanz vermochte daher eine Einigung
zu erzielen, ein paritätisches, aus unparteiischen Landräthen gewählte=
Gericht, das auf bezügliche Gutachten des evangelischen Kapitels und
Landrathes hin den 3. Dezember 1710 seinen Spruch in Groben=
entswil fällte. Das Gericht fand für billig, die 260 Gulden, die
laut Spruch von 1635 aus dem Kirchengut für den Gehalt des evan=
gelischen Pfarrers geschöpft werden dürfen, solle auf beide evangelische
Pfarrer vertheilt werden nach Verhältniß der Seelenzahl oder Räuche d. h.
Haushaltungen. Es haben daher die evangelischen Oberglatter den
Degersheimern jährlich 90 Gulden oder als Pauschalsumme das einem
Zinse von 90 Gulden entsprechende Kapital in Zehntgütern, Geld oder
Hypotheken abzufertigen. Die Degersheimer entrichten auch ferner den
Zehnten und die Steuern in bisheriger Weise nach Oberglatt und bleiben
mit Oberglatt nach wie vor im weltlichen Gemeindeverbande.

Dieser Vergleich wurde von den beiden Gemeinden angenommen
und unterm 30. Juni 1711 dem gesammten Landrathe zur Bestätigung
vorgelegt mit den Zusatzbestimmungen, daß die Liebesgaben, die im Lande
und außer demselben für das damals noch so kleine und arme Degers=
heim fallen, diesem ausschließlich zugehören sollen und daß wenn einmal
eine Abkurung zwischen den Evangelischen und Katholischen zu Ober=
glatt stattfinde, eine weitere Abkurung auch mit Degersheim stattzu=
finden habe.

Und diese Abkurung mit den Katholiken betreffend das Kirchen=
gut in Oberglatt ließ denn auch nicht lange auf sich warten. Die
Katholiken hatten bereits beim Landrathe Klagen erhoben, daß ihrem
Pfarrer der Gehalt nicht mehr ausgerichtet werde, entgegen den Spruch=
briefen von 1563 und 1635, an die man sich seit den Toggenburger
Unruhen und vollends wahrscheinlich, seitdem man nun auch den Pfarrer
zu Degersheim theilweise zu besolden hatte, nicht mehr gekehrt zu haben
scheint. Die Abkurung war bereits am 21. März 1710 von der
Gemeinde Oberglatt beschlossen, aber dann von Zürich und vom Land=
rathe, als momentan untauglich, abbestellt worden.

Zürich hatte sich im Uebrigen schon während der Toggenburger
Wirren bemüht, die Trennung der Kirchengüter im Toggenburg durch=
zuführen, hiemit die Konfessionen unabhängiger gegen einander zu stellen
und eine Quelle vielfachen Haders zu verstopfen. Was es damals
begonnen, führte es während der Friedensverhandlungen zu Baden 1718
zu Ende. Den 21. Mai selbigen Jahres wurde (laut Urkunde 35)
zu Baden zwischen Dekan Schenkli von Rorschach, als Vertreter des
Fürstabtes, und Hauptmann Rahholz von Zürich folgendes Abkommen
betreffend Oberglatt getroffen:

1) es verbleibt bei den Spruchbriefen von 1563 und 1635, wonach beide Pfründen von Oberglatt je 260 Gulden beziehen und der katholische Theil noch 40 Gulden für die Paramente. Hiezu soll „auf die ehemals Magdenauischen Zehntgüter eine Abtheilung gemacht werden, welche sich auf die Summe von 520 Gulden belaufe" und jedem Konfessionstheil die Hälfte zugewiesen werden;

2) soll den Katholiken aus dem brieflichen Kirchengut (damals 5920 fl.) für ihre Paramente der zwanzigfache Betrag der Jahresquote von 40 Gulden, also eine Summe von 800 Gulden, in guten Briefen zugestellt werden;

3) sollen den Katholiken verbleiben ihre eigenen Steuern, so weit sie auf's Vermögen verlegt sind, sammt den Steuern, welche die Magdenauer und St. Johanner Lehensleute jährlich zu bezahlen haben;

4) sollen die Katholiken den fünften Theil des nun noch restirenden Kirchenfondes erhalten und den fünften Theil der Gemeindewaldungen;

5) jeder Theil hat fürderhin Pfarr= und Meßmerhaus selbst zu unterhalten. An den Unterhalt der Kirche und ihrer Dependenzen bezahlen die Evangelischen und die Katholischen im Verhältniß von ⁴/₅ und ¹/₅, für die Hauptreparaturen derselben werden die Kosten nach gewohnter Anlage vertheilt; der Unterhalt der Brücken, Wege und Stege dagegen wird wieder in obigem Verhältniß bestritten;

6) das Armengut ist in der Theilung nicht inbegriffen.

Der Theilrodel (Urkunde 36) zeigt, daß auch der Gemeindehof in die Theilung einbezogen wurde. Die Katholiken erhielten an Briefen im Ganzen die Summe von 1495 Gulden.

So hatte man denn im Oekonomischen getrennte Wirthschaft und beide Konfessionstheile durften sich mit diesem Abkommen zufrieden geben. Die völlige Scheidung des kirchlichen, gemeinsamen Haushaltes sollte 53 Jahre später kommen.

In Folge dieser Abkürung mit den Katholiken hatte sich nun aber die evangelische Gemeinde neuerdings mit den früheren Kirchgenossen zu Degersheim zu vereinbaren, umsomehr, als die 1711 stipulirte Bezahlung von jährlichen 90 Gulden an den Degersheimer Pfarrgehalt bereits zum Zankapfel geworden und einige Jahre unterlassen worden war. Es legte sich hiezu die zürcherisch=bernische Landfriedenskommission, die die loyale Durchführung des Badener Friedens zu überwachen hatte, in's Mittel und stellte unterm 30. November 1719 in Zürich, im Verein mit Abgeordneten der beiden Gemeinden, folgenden Vertragsentwurf auf (siehe Urkunde 37):

Der Pfarrer von Degersheim bezieht weiterhin seine 90 Gulden. Den Oberglattern steht es frei, diese 90 Gulden von den aus der Gemeinde D. zu beziehenden Steuern zu bestreiten oder derselben das entsprechende

Kapital mit 1800 Gulden heraus zu geben. Der politische Gemeinde=
verband bleibt.

Den streitenden Gemeinden ward eine Frist von blos 14 Tagen
zum allfälligen Proteste eingeräumt, doch sie fügten sich. Die beiden
Stände Zürich und Bern genehmigten ihrerseits den Entwurf und so
ward denn auf den 8. Januar 1720 der Vertrag definitiv ausgefertigt.
Die Oberglatter bezahlten die Kapitalsumme und die zwei ausstehenden
Jahresraten. Sie meinten, mit Bezahlung der Pauschalsumme unter
Fortbezug der Steuern von Tegersheim statt des jährlichen Beitrages
reineren Tisch gemacht zu haben. Dennoch finden wir (lt. Urkunde 40)
5 Jahre später die beiden Gemeinden, Mutter und Tochter, wieder im
Rechtsstreite vor Appellationsgericht wegen der auf die Tegersheimer
verlegten Bräuche. Das Gericht erklärte kurzweg: es bleibt bei den
getroffenen Vergleichen und wenn sich einige „Wiederspähnige" zu Tegers=
heim nicht bequemen wollten, so soll der Gemeinde T. „das liebe Recht
in unserem Lande" (d. h. nicht mehr vor der Landsfriedenskommission
zu Zürich) „administrirt und gehalten werden".

In der That fügten sich auch jetzt noch Etliche, nämlich die im
oberen Gampen, nicht, verweigerten die durch den Neubau der Oberglatter
Brücke erhöhten Steuern, die sie schon seit 1707 schuldig geblieben waren,
strengten noch einmal einen Prozeß an und trotzten auch dem neuen
Entscheid. Es gab erst Ruhe, als 1728 der Gampen kirchlich ausgelöst wurde.

Im Jahre 1747 kam es übrigens noch einmal (laut Urkunde 49)
zu einer Abkurung mit Tegersheim. Die Tegersheimer erhoben nämlich
Anspruch an einen Theil des Oberglatter Schulgutes. Man verständigte
sich auf einer den 5. Juli 1747 zu Langenentswil abgehaltenen Kon=
ferenz der beiderseitigen Vorgesetzten zu einem jährlichen Beitrag von
einer Dublone. Die Oberglatter stellten aber die entschiedene Forderung,
daß dem Abkurungsvertrag von 1720 gewissenhafter nachgelebt werde
und Tegersheim die Bewohner von Thal, die laut demselben kirchlich
nach Oberglatt gewiesen seien, nicht länger bei sich aufnehme und besteure.

Die diese Vereinbarung verbriefende Urkunde enthält nun eine über=
aus interessante Schlußnotiz, welche uns über den Bau des alten Pfarr=
und jetzigen Meßmerhauses in Oberglatt eine Andeutung gibt, die einzige,
die im ganzen Archive sich findet, in welchem leider von 1656—1778
alle Rechnungsprotokolle für's eigentliche Kirchenwesen — sonstige Ver=
waltungsprotokolle gab es überhaupt vor dem gegenwärtigen Jahrhunderte
nicht — fehlen. Da wird nämlich gesagt, die Oberglatter hätten von
den Erben des Müllers Kunz im Thal, die offenbar auch seit einer Reihe
von Jahren eigenmächtig sich Tegersheim zugetheilt hatten, 9 Gulden
Steuerrückstände zu fordern, die man jetzt gleich Tegersheim verrechnen
könne, Steuerrückstände nämlich „wegen Anlag des neuen Pfarr =

hauses Oberglatt." Das frühere Pfarrhaus muß also ca. 1740 erbaut worden sein.

Ob ein neues Pfarrhaus wegen Baufälligkeit des alten mußte erbaut werden, oder ob die Veranlassung zum Neubau mit den Feuers= brünsten zusammenhängt, von denen 1742 und 43 Oberglatt heimgesucht wurde, ist nicht zu ersehen.

Ich komme nun zu den neben dem Kirchenbau für die Entwick= lung unserer Kirchgemeinde wichtigsten Ereignissen des letzten Jahrhunderts, der Erbauung des stolzen Herrenhauses in Oberglatt und dem freiwilligen Wegzuge der Katholiken aus der Kirche in Oberglatt. Denn von anderen Erlebnissen und Entwicklungen aus dem letzten Jahrhundert, von den Jahren der Dürre oder der Nässe, von den Himmelsröthen und Erdbeben, von dem Fehljahr 1770, wo es nicht nur wie 1885, im Mai und September, sondern auch im Juni und Juli schneite und in unserer Gegend endlich erst die Kartoffeln als Nahrungsmittel zur Anerkennung kamen, von dem folgenden Hunger= und Sterbejahr, das in Oberglatt die normale Todtenziffer von ca. 30 auf 75 hinauftrieb, die höchste bis= dazumal erreichte Zahl, die Normalzahl für jetzt, wo die Gemeinde nahe= zu dreimal so groß ist als damals — habe ich hier nicht im Näheren zu erzählen; auch nicht von dem jetztbeginnenden idealen und gewerblichen Aufschwung, an dem unsere Gemeinde einen so bedeutsamen Antheil genommen, dem Aufkommen der Schulen auch an kleinen Orten, der Freischulen in den größeren Gemeinden, der neigenden Blüthe der Lein= wand=, der steigenden Blüthe der Baumwollenindustrie, die so manchen Kirchgenossen zu Oberglatt reich und zu Opfern für den Kirchenbau fähig gemacht hat, nicht von dem gegen Ende des Jahrhunderts erwachenden Eifer für Straßenverbesserung, der in unserer Gemeinde übrigens erst sich regte, als sie durch Schaden klug geworden war, *) nicht von dem in Flawil damals so entwickelten Frachtfuhrwesen, für das unsere Gemeinde in weitem Umkreis sozusagen das Monopol besaß — das Alles sind ja, wenn auch noch so interessante, doch die Entwicklung der Kirchgemeinde nur indirekt berührende Dinge, und einiges findet weiter unten noch etwelche Berücksichtigung.

*) Als nämlich 1776 Abt Beda die neue Straße Rorschach=St. Gallen= Bruggau durch Flawil nach Wil auf eigene Kosten fortsetzen wollte, verweigerten die Flawiler angeblich aus Furcht vor Durchzug von Kriegsvölkern jede Boden= abtretung, so daß der Abt die Straße durch Oberbüren zog. Bald genug erkannten Flawil und die übrigen untertoggenburgischen Gemeinden den Schaden, den der kurzsichtige Widerstand gebracht hatte, und erbaten sich, Flawil voran, 1787, die Erlaubniß zur Erbauung einer neuen Straße Flawil=Oberuzwil=Wil auf eigene Kosten, die sie nur gegen Bezahlung von 12,000 Gulden erhielten.

Wenden wir uns also den kirchlich so wichtigen Begebnissen zu, die in den siebziger Jahren des letzten Jahrhunderts in Oberglatt sich zutrugen und die vereint mit dem späteren Kirchenbau dem Oertchen ein neues Aussehen gaben.

Der reiche Leinwand= und Kolonialwaarenhändler, Ammann und Appellationsrath Johannes Egli von Burgau gedachte, von Burgau, wo man ihm sein ohnehin an Hofraum beengtes Haus gegen die Sonnen= seite hin ganz verbaut hatte, (das Haus stund östlich hart hinter dem jetzigen Dorfbrunnen und wurde dann in die Gupfen nach Flawil ver= legt und gehört jetzt dem J. Steiger, Kommandanten) wegzuziehen und sich, nachdem kein Bauplatz im Feld erhältlich gewesen, in dem wenig= stens allsonntäglich ungemein belebten Oberglatt ein neues Geschäftslokal und Wohnhaus zugleich im großen Styl zu erbauen, und erbaute es dann auf dem Platz und in der Gestalt der jetzigen Bierbrauerei 1771—77. Das in Anspruch genommene Areal bestand aber damals aus einer kleinen, dem Barbier Haltmeier gehörenden Besitzung und dem größten Theil des Meßmergutes. Herr Egli erwarb sich (laut Urkunde 53a) diesen auf dem Wege des Kaufes und Abtausches von der Gemeinde. Er hatte 240 Gulden baar zu zahlen, das Meßmerhaus in seinen Kosten ostwärts ins bisherige Meßmerwiesli zu verlegen, ein Stück Weide und Wald ob dem bisherigen Meßmerwiesli zur Ergänzung des geschmälerten Gutes anzukaufen, für Zufahrt zum verlegten Meßmerhaus zu sorgen, den alten Kirchweg durch den Berg hinauf etwas zu verbreitern und an dessen Unterhalt zu allen Zeiten die Hälfte der Kosten zu leisten und die Brücke über den Burgauerbach neu zu erstellen.

Die Gemeinde glaubte sich gratuliren zu können, denn Oberglatt erhielt nun neben seine Kirche das stolzeste Gebäude eines weiten Umkreises. Wir schauen diesen Tausch und Bau mit gemischten Gefühlen an, denn er gab ein Jahrzehnt später beim Kirchenbau in der Platzfrage zu un= glücklicher Entscheidung den Ausschlag.

Im Mai desselben Jahres, wo dieser Tausch und Kauf abgeschlossen wurde (1771), kam es auch **zur letzten und völligen Abkurung mit den Katholischen und zum freiwilligen Verzicht der= selben auf die seit nahezu 200 Jahren geübte Mit= benutzung der Oberglatter Pfarrkirche.** Die Kirche war baufällig, ein Neubau mit schweren Lasten war in Sicht, es ahnte ja damals Niemand, daß diese Lasten zum größten Theil von einigen Privaten würden übernommen werden. Die Katholiken waren an Zahl wie an Vermögen gleich weit hinter den Evangelischen zurück und die gemein= same Benutzung brachte wohl vieles Widrige mit sich, was sie als Minderheit zuerst zu fühlen bekamen — kurz, sie fanden es für gerathener, ihren Rechten auf die Kirche zu entsagen und sich ganz auf die Kapelle zu Flawil zurückzuziehen. Die Evangelischen hielten weislich den Allein=

besitz der Kirche des Verzichtes auf die ökonomische Mitwirkung der
Katholiken werth.*)

Nach dem Abturungsbriefe vom 11. Mai 1771 (Urkunde 54)
wäre die Initiative zur Trennung übrigens von den Evangelischen aus=
gegangen und hätte die eben sich vollziehende Trennung der beiden
Konfessionstheile zu Jonschwil=Oberuzwil sie auf den Gedanken gebracht. —
Die Abturungsbedingungen waren folgende:

1) Die Katholiken verzichten zwar nicht auf „ihre habende katholische
pfärrliche Rechte zu Oberglatt", vielmehr behalten sie sich gleich den
evangelischen Oberglatter Pfarrangehörigen vor, was ihnen der babische
Landfriede von 1718, insbesondere Art. 69 desselben, zuerkenne, dagegen
überlassen sie Kirche, Sakristei, Thurm, Kirchhof, Kirchenplatz und Zu=
behör den Evangelischen.

2) Dem Abte soll der katholische Kirchensatz, Collatur und Lehen=
schaft unangefochten verbleiben.

3) Es bleibt betreffend Kirchengut, Unterhalt der Pfarr= und
Meßmerhäuser, Besoldung der Pfarrherren und Vertheilung der Steuer=
pflicht für die weltlichen Aufgaben der Gemeinde bei den Vereinbarungen
von 1563, 1635 und 1718.

4) Die Katholiken verzichten auf ewig auf alle und jede Anrechte
an Kirche, Friedhof und Kirchenplatz und Dependenzen, so daß die
Evangelischen damit ganz frei schalten und walten können und jeden
beliebigen Gebrauch davon machen können; sie verlangen aber den Altar
und alle spezifisch katholischen Paramente in der Kirche und auf dem
Friedhofe wegzunehmen und unter letztem Zusammenläuten der Glocken
mit Kreuz und Fahne und Prozession abzuziehen, gesichert vor Spott
und Schmähung, und ihre Gräber vor Entweihung behütet und für 10
Jahre in ihrer Ruhe gesichert zu sehen.

5. Die Evangelischen haben den Katholischen noch 1000 Gulden
zu bezahlen und verpflichten sich, die Kapelle in Flawil inskünftig als
eine eigentliche Pfarrkirche zu respektiren und für dieselbe und den Fried=
hof den Katholischen die Zufahrtsstraßen und Wege, auch die alten
Kirchwege ab den Bergen, ungehindert offen zu halten und bei einer
allfälligen Friedhoferweiterung und Verlegung des Pfarrhofes in die
Nähe der Kapelle weder heimlich noch öffentlich Schwierigkeiten zu bereiten.

6) Die Katholiken werden auf ewig der Bau= und Unterhalts=
pflicht an den Oberglatter Pfrundgebäuden und Pfrundarealen enthoben.

---

*) Nach Art. 45 der Frauenfelder Vermittlung von 1759 glaubten sich
die Katholiken von Oberglatt bei der Verwaltung des Armengutes und bei der
Benutzung der Kirche zurückgesetzt. Bei der eben geschehenen Neuerrichtung des
Choraltars hatte man ihnen Schwierigkeiten bereitet. Auch wurde gelegentlich
das Vordächli verstellt, damit die Katholiken bei Regenwetter nicht unter Dach
warten könnten; kleinliche Rache für ähnliche anderwärts den Evangelischen an=
gethane Kränkungen.

Da dem Abte sehr daran lag, daß die Abkurung zwischen den Evangelischen und den Katholischen zu Jonschwil zu Stande komme, wo die Katholischen im Vortheil waren (während hier eher das Umgekehrte der Fall war) und viele der Evangelischen, die zu einer eigenen Kirche in Oberuzwil weiteren Kirchweg hatten, Schwierigkeiten erhoben, verfügte der Abt, daß diese Oberglatter Abkurung erst Gültigkeit haben solle, wenn die zu Jonschwil geordnet sei; in Folge dessen mußten die Evangelischen zu Oberglatt noch 200 fl. nach Jonschwil bezahlen zu Gunsten der sich durch die dortige Abkurung verkürzt glaubenden Evangelischen zu Jonschwil, Bettenau und Schwarzenbach.

Darauf hin wurde der Vertrag in allen Instanzen genehmigt.

Und nun zogen denn eines Tages die Katholischen feierlich aus dem alten Gotteshause aus. ⌈Das katholische Volk von Flawil und Umgebung, ihre Geistlichen an der Spitze, fanden sich darin ein, die letzte Messe wurde darin gelesen, zum letzten Male wurden die Gräber eingesegnet und dann unter Glockengeläute die Paramente weggehoben. Und jetzt bewegte sich Alles in Prozession bergan gen Flawil zur Kapelle. Diese wurde zur Pfarrkirche geweiht. Etwas erweitert, diente sie den Katholischen bis 1844, wo sie, ohnehin unzureichend und baufällig, der Straßenbaute geopfert wurde, um in schönerer Gestalt im Wiesenthal aufzuerstehen. Wir rufen den abziehenden Katholiken ein aufrichtiges Lebewohl zu. Jetzt waren beide Theile völlig auf sich gestellt und so schön, ideal genommen, ein Zusammenwohnen beider doch auf dem einen Boden des Christenthums stehenden Konfessionen wäre, — besser getrennt in Frieden, als verbunden in Unfrieden. Und Unfriede herrschte und herrscht heute noch in größerem oder geringerem Maße, wo die Konfessionen zusammenwohnen in Einer gottesdienstlichen Stätte, auch wenn sonst beiderseits die besten Gesinnungen vorwalten, denn der kleinen Gelegenheiten sind zu viele, wo die Wünsche, Meinungen und Interessen der beiden Theile sich kreuzen und Reibungen entstehen müssen.⌉

Also mit Glück und Frieden aufwärts, ihr christlichen Brüder! Wann ziehen wir wohl bergwärts euch nach, nicht bis in's Wiesenthal, aber auf jene freie Ebene, daneben eure Kapelle stund? Wann feiert wohl dies Gotteshaus im tiefen Thal fröhliche Urständ in höheren Regionen? Erwarten wir es in Geduld als eine Freude, die einst unsern Kindern zu Theil werden wird.

Hören wir jetzt, wie das 1771 von den Katholiken verlassene baufällige Gotteshaus zu Oberglatt im Neubau von 1785 seine Urständ feierte.

V.

Der Kirchenbau von 1785.

Es ist freilich gar Weniges, was uns an Nachrichten hierüber urkundlich aufbewahrt ist, und die Väter im Grabe bleiben stumm auf unsere Fragen. Treu und Glauben waren damals noch so groß, vielleicht auch die Schreibescheu, und so patriarchalisch ging es in den Behörden und Gemeindeverhandlungen zu, daß man ein Verhandlungsprotokoll neben dem summarisch geführten Rechnungsprotokoll für überflüssig hielt. Dazu ging der Kirchenbau wesentlich auf private Kosten vor sich, deren Aufrechnung zum Voraus nicht in die Hände der Gemeinde kam. So sind wir für die Beschreibung des Kirchenbaues auf zwei Rezesse der Toggenburger Synode (Urk. 57 und 58), auf eine abschließliche Baurechnung in Form eines Quartblattes (Urk. 59) und auf einige Randnotizen in den Pfarrbüchern der katholischen Gemeinde als einzige Quellen verwiesen. Dazu kommen einige dürftige mündliche Ueberlieferungen.

Um den Kirchenbau in seiner Gestaltung und Durchführung zu verstehen, namentlich aber auch in der Platzwahl, die dem in die früheren Verhältnisse nicht Eingeweihten ganz absurd erscheint, gilt es vor Allem sich klar zu machen, wie es damals in Oberglatt aussah.

Herr Ammann Egli hatte, wie wir hörten, 1771 den Platz zum Bau seines stattlichen Herrensitzes mit großartigem Geschäftslokal für die Leinwand- und Baumwolltuchfabrikation und den Colonialwaarenhandel in Oberglatt erworben. Dabei war es nicht verblieben. Im gleichen Jahre erwarb er von der Gemeinde um 4550 Gulden den sog. Gemeinde- oder Bauenhof, den sie 1528 vom Kloster Magdenau erworben, und der aus dem jetzt Kern'schen Besitzthum nebst einem großen Theil der jetzt Uhler'schen Gelände bestund und bisher von der Gemeinde jeweilen an einen Pächter verliehen ward, welcher kurzweg der „Bauer" hieß.*)

*) Der Kauf führte noch einmal zu einem Auslosungsprozesse mit den Tegersheimern, die einen Theil des Kauferlöses beanspruchten und denen ein aus der Synode bestelltes Schiedsgericht 300 Gulden zu Handen ihres Gemeindefondes zusprach.

Herr Egli war nun Großgrundbesitzer in Oberglatt, mehr als die Hälfte der Güter des Thälchens war in seiner Hand vereinigt. Bald stund das Patrizierhaus vollendet da, sein und der Gemeinde Stolz. Und das auch im Detail verkaufende Geschäft hätte keine bessere Lage haben können, als die es hatte neben der Kirche. Damals bestand ja noch die schöne Sitte, daß jedes rechtschaffene Haus im Sonntagsgottesdienste vertreten war. Bei Gemeindeversammlungen mußten auch die Katholischen von Flawil und alle Degersheimer nach Oberglatt hinuntersteigen. So sammelte sich also sonntäglich und bei Leichenbegängnissen auch am Werktag in Oberglatt ein großes Volk, während in Flawil, das noch nicht halb so dicht bevölkert war wie heute, nur seltene Anlässe so viele Menschen zusammenführten. In den Berggemeinden war ferner fast nichts zu kaufen. So kaufte man denn seine Haushaltungsbedürfnisse am bequemsten bei Anlaß des Kirchganges in Oberglatt ein. Auf das Alles war der stolze Bau und die große geschäftliche Anlage wahrscheinlich mit berechnet. Freilich hätte Herr Egli den Bau lieber im Flawiler Feld aufgeführt, aber die Flawiler schlugen es in verkehrtem Bürgerstolz ab, einem Burgauer von ihren schönen Burgergütern abzutreten. Daher trug Herr Egli gegen die Flawiler ein Bischen begreiflichen Grolls im Herzen und kannte nun auch seinerseits keine zärtlichen Rücksichten mehr.

Dazu wohnte damals in Oberglatt, nur durch die bald darauf in jetziger Breite erstellte Landstraße vom neuen Herrensitze getrennt, im jetzt Zillig'schen Hause, noch ein Mann von höchstem Einflusse weit über die Gemeinde hinaus, Herr Elias Stadler, Ammann Egli's Schwiegersohn, der als Pannerherr eine der' ersten Ehrenstellen im Toggenburg bekleidete und in der That ein vorzüglicher Mann gewesen sein soll. Ihn banden an Oberglatt und dessen Kirche auch Interessen höherer Art: die Macht der Jugenderinnerungen, die Familientradition seit vielen Geschlechtern, die geschichtliche Weihe des Ortes, der die Gebeine der Väter und ihr Gotteshaus seit einem vollen Jahrtausend beherbergte und auf seinem Platze hundertmal in bewegten Zeitläuften Väter und Vorväter zu den wichtigsten Entschließungen versammelt sah, und endlich auch ein warm kirchlich-religiöser Sinn.

So stand es in Oberglatt zu Anfang der achtziger Jahre des letzten Jahrhunderts, als immer lauter durch die Gemeinde der Ruf nach einer neuen Kirche ertönte. Die vorhandene war in der That ja baufällig und für die bedeutsam angewachsene Gemeinde zu klein geworden. Ueber das Bedürfniß des Neubaues war Alles einig; anders stund es mit der Platzfrage, die die Gemeinde in zwei feindliche Heerlager spalten und die Gemüther so gegen einander erhitzen sollte, daß mehrmals daran die Baufrage überhaupt zu scheitern drohte.

Man hatte zwar wohl schon seit Jahrzehnten einem Neubau in's Auge geschaut und davon gesprochen, aber ehe die Katholiken sich auf ihre viel bequemer gelegene Kapelle zurückzogen, dachten vielleicht nur Wenige daran, daß je anders als wieder in Oberglatt, dem alten Sammelplatz und historischen Ausgangspunkte der Gemeinde, sollte gebaut werden, und auch Herr Egli dachte bei seinen Güterkäufen in Oberglatt wohl nicht anders. Da mag es denn wie ein Allarmschuß in seine bereits verwirklichten Projekte gefallen sein, als es zu Anfang der achtziger Jahre in Flawil immer lauter hieß, wenn gebaut werde, so müsse es nicht wieder im tiefen engen Thale, sondern auf dem freien, weiten, auch von den Bergen gleich leicht erreichbaren Flawiler Feld geschehen. Natürlich, daß diese Stimmen ertönten, — Flawil, wenn auch kleiner als alle Berggemeinden zusammen, war doch viel volkreicher als jede einzelne von ihnen und hatte darum ein gutes Anrecht auf Berücksichtigung seiner Forderung näheren Kirchweges. Es hatte das Beispiel der abgelösten Degersheimer und der katholischen Flawiler für sich. Um ihrem Wunsche bei der Gesammtgemeinde mehr Gehör zu verschaffen, sammelten die Flawiler Kirchgenossen freiwillige Beiträge und brachten es dahin, daß sie der sog. Martinigemeinde von 1783 in Baar 7500 Gulden und unentgeltliche Lieferung des Baugrundes für Kirche, Pfarrhaus und Friedhof anbieten konnten. Aber so schön das Angebot war für jene Zeit, wo man bei Frohnarbeit und Holzlieferungen aus den Gemeindewaldungen noch so billig baute, — die Flawiler wurden von den Herren Egli und Stadler, denen die Bauplatzfrage eine Interessenfrage von höchster Bedeutung und zugleich eine Herzens= angelegenheit im schönsten Sinne des Wortes war, im Angebot über= holt, denn diese Herren erklärten kurzweg: ihr Bürger von Oberglatt frohnt uns nach altem Brauch, schafft, was wir an Material angekauft zur Stelle und wir bezahlen den Bauschilling, d. h. das, was der Kirchenbau an baaren Anschaffungs= und Arbeitsunkosten mit sich bringt. Und richtig, ihr Anerbieten siegte. Die Mehrheit, gewonnen durch die Aussicht, schweren Steuern enthoben zu sein, durch den Appell an die altehrwürdigen Traditionen von Glatt, vielleicht auch etwas eingeschüch= tert durch die ernste Miene und den leise aufgehobenen Drohfinger (die Fama redet von noch derberen Menschlichkeiten) der hochachtbaren und in Reichthum und Amtsmacht dastehenden Oberglatter Herren, — die Mehrheit, bestehend besonders aus den Bergbewohnern, und zwar eine schwache Mehrheit, stimmte für die alte Baustelle, die auch, das ist nicht zu vergessen, einen Neubau von Pfarrhaus und Friedhof ersparte.

Aber die Flawiler Dorfgenossen gaben ihre Sache nicht für ver= loren. Sie fochten den Gemeindebeschluß an und zogen ihn vor die Toggenburger Landessynode, die damalige Oberbehörde in Kirchen= und Schulangelegenheiten. Auf der Synodalsitzung zu Lichtensteig vom 4. Mai

1784 (s. Urk. 57) erschienen ihre Abgeordneten mit dem Advokaten Fehr von Frauenfeld. Sie betonten nicht nur, daß ihre gewünschte Baustelle auf'm Feld die Kirche der Mehrheit sämmtlicher Kirchgenossen näher rücke, sie zum stolzen Schmucke der ganzen Gegend und weitausschauenden Wahrzeichen der Gemeinde mache, sie betonten namentlich auch die Beengtheit der alten Baustelle und deren durch die Glatt bedrohte Sicherheit — die alte Kirche stand nordöstlicher hart am Glattbord — und erneuerten ihre ökonomischen Anerbieten. Die Mehrheitsvertretung kam ohne Advokaten zur Synode; sie bedurfte auch keines solchen, denn Pannerherr Stadler war ja einer der fünf weltlichen, aus dem Landrath gewählten Assessoren, die nebst 27 mit den Ortsverhältnissen zum Theil nicht vertrauten Pfarrherren die Synode bildeten. Oberglatt war bei jener Synode durch seinen Pfarrer nicht vertreten, denn Pfarrer Ammann hatte eben resignirt und rüstete sich auf seine Abreise, und gesetzt auch, er hätte noch an der Synode theilgenommen, so ist mehr als fraglich, ob er für den Bauplatz in Flawil seinen Einfluß auf die Collegen geltend gemacht hätte, er, der Nachbar und Hausfreund der Herren Egli und Stadler. Pannerherr Stadler führte denn, unterstützt von Herrn Ammann Egli, für die Sache der Gemeinde das Wort. Er gab es frei und frank zu, daß „überhaupt genommen", eine Kirche auf dem Flawiler Felde schöner und imposanter dastünde, als im abgeschlossenen, tiefeingesenkten Oberglatter Thal, berief sich aber auf die ehrwürdige Tradition des Kirchensatzes, der nun einmal seit bald 1000 Jahren an Oberglatt hafte, behauptete, die Baustelle sei geräumig genug, bot eventuell eine andere Baustelle in seiner Wiese (offenbar den ebenen Platz zwischen dem Zillig'schen und Anderegg'schen Hause) an und erneuerte das Bauschillingsangebot. Die Synode entschied, wie, zumal in Ansehung der Legalität des gefaßten Gemeindebeschlusses, vorauszusehen war, daß, weil Kirchensatz und Kirchengebäude von den ältesten Zeiten her in Oberglatt gewesen sei, der Kirchenbau in Oberglatt müsse vorgenommen werden, es wäre denn, daß beide Parteien sich gutwillig unter einander anderweitig vergleichen würden.

Aber von solcher Verständigung war keine Rede. Die unterlegene Minderheit grollte. Hätte sie erst gewußt, wie schon nach zwei Menschenaltern die Entwicklung Flawil's ihrer Meinung von Jahrzehnt zu Jahrzehnt mehr Recht geben würde!

Vielleicht gelähmt durch diese Zwietracht, gelähmt durch das Institut des Frohnens — kurz, der Bau wurde nicht mit großer Eile betrieben. Das Jahr 1784 verging unter den ersten Zurüstungen des Materials für den Neubau. Das Bauholz wurde im Winter 1784/85 bei Grobenentswil frohndienstweise geschlagen und in die Scheune des Pannerherrn Stadler geführt. Im frühen Frühling 1785 wurde die alte Kirche, die nach der Ueberlieferung im primitiv

einfachen Style der alten Zeit, ähnlich der St. Verenakirche bei Mag=
denau, soll erbaut gewesen sein, abgebrochen, und der Gottesdienst in den
wohl eingemachten Oberraum jener Scheune, bei schönem Wetter in den
freien Hof des Egli'schen Hauses verlegt, dessen Zugangslaube über
dem Hofe dem Pfarrer zur Kanzel diente. An einer beim Brücklein
über den Burgauer Bach aufgerichteten Säule ward die kleinste Glocke
befestigt. Der Bau soll dem Zimmermeister Haltiner von Altstätten
übergeben worden sein, der mit seinem Sohne, dem Erbauer der alten
Krätzerenbrücke, als Kirchen= und Brückenbauer im besten Rufe stand,
und seine Weisungen von den Herren Egli und Stadler im Einver=
ständniß mit den Vorgesetzten empfing.

Unterdessen hatte die über die Platzfrage entstandene Entzweiung
der Gemüther neue Konflikte herbeigeführt. Den 19. April 1785
finden wir die Parteien wieder im Rechtsstreit vor der Synode. (s. Urk.
58.) Die verschiedene Deutung des Angebotes des Bauschillings war
der Anlaß, der Groll der Minderheit wohl die tiefere Ursache des
Streites. Diese, vertreten durch „Gerichtsschreiber, Baumeister,
und Pfleger, die Steigern von Flawil," behaupteten, daß
die Herren Egli und Stadler ihre Zusage nicht loyal und weitherzig
halten, sondern diese und jene Anschaffung oder Arbeit der Gemeinde
zuschieben (es handelte sich offenbar hauptsächlich um anfänglich nicht
vorgesehene sog. Mehrarbeiten) während diese nur dazu verpflichtet sei,
die von den Herren Egli und Stadler angeschafften Baumaterialien
frohndienstweise auf die Baustelle zu liefern; ferner protestirten sie da=
gegen trotz des Gemeindebeschlusses, daß die neue Kirche auf die alte
Stelle gebaut werde, außer man gäbe die Zusage, daß der Friedhof in
seiner bisherigen Gestalt nicht angetastet werde, und verwahrten sich schließ=
lich gegen jede Mittragung künftiger Reparatur= oder Baukosten, wenn
die Kirche wegen ihres gefährlichen Standortes Schaden nehmen sollte.

Die Mehrheit, die durch die Herren Ammann Steiger von Bur=
gau und Gemeindebaumeister Baumann von Grobenentswil, Namens
der Vorgesetzten, vertreten war, erklärte, daß die Herren Egli und
Stadler gegentheils mehr als nur ihre wörtlich übernommene Bau=
schillingspflicht geübt hätten und noch üben werden und auch in Bezug
auf mehrere nicht in der vertraglichen Vereinbarung (ein schriftlicher
Vertrag fehlte, wie oben bemerkt) eingeschlossene Punkte gutwillig Opfer
bringen wollen; was die Baustelle anbelange, beriefen sie sich kurzweg
auf den Gemeindebeschluß.

Die Synode verfuhr, wie Salomo im bekannten Streit zweier
Mütter um dasselbe Kind; sie schlug die Kosten für alles Unvorher=
gesehene, nicht zweifellos im Bauschilling Eingeschlossene, auf beide Par=
teien wett, und statuirte ausdrücklich die Frohndienstpflicht gegenüber
einer Anzahl Renitenten im Schoße der Minderheit.

Nach Erledigung dieses Konfliktes gab die Minderheit ihren aus=
sichtslosen Widerstand endlich auf; ungehemmt konnte nun der Bau seinen
Fortgang nehmen, und er ward in der That jetzt mit höchstem Eifer
betrieben. Laut einer Notiz in den Taufbüchern des katholischen Pfarr=
amtes fand am Frohnleichnamstag, den 26. Mai, die feierliche Grund=
steinlegung statt, am 21. September konnte schon der 180 Fuß hohe
Thurm mit der Fahne geschmückt werden. Mitte November wurde die
neue Kirche, deren Inneres durch überraschende Lichtfülle und gute
Akustik und die Schönheit des Deckengewölbes, deren Thurm durch die
edle Schlankheit der Helmkonstruktion vortheilhaft auffällt, benutzt wer=
den. Am 8. November wurden Hans Jörg Reufer und Susanna
Baumann als erstes Paar in der neuen Kirche getraut und am 4. De=
zember der Erstgeborne des neuen Pfarrers Dietschi als erster Täufling
über dem neuen Taufsteine getauft. Ob auch der Gemeindegottesdienst
schon in die neue Kirche hinübergenommen war, ist ungewiß, dagegen
versichern uns die katholischen Taufbücher, daß er st am 8. Januar
1786 die neue Kirche förmlich und feierlich eingeweiht
wurde, so daß wir also mit unserer Kirchweihfeier um fast 2 Mo=
nate zu frühe gekommen sind.*)

Laut der höchst summarischen Baurechnung vom 30. November
1786, die uns in Urkunde 59 enthalten ist und in großer, gesperrter
Schrift ein einziges Folioblatt bedeckt, beliefen sich die der Gemeinde
zufallenden Ausgaben für den Kirchenbau auf 5249 Gulden, von
denen, da die Rechnungseinnahmen mit 226 Gulden zurückblieben,
Pannerherr Stadler 126 und Vorsteher Kunz 100 Gulden auf ihre
private Rechnung nahmen, so daß die Gemeinde mit einem Geldauf=
wand von 5022 Gulden zu einem Gotteshause kam, dessen Bau
heute, wo keine Frohndienste mehr geleistet werden, auf über 100,000
Franken zu stehen käme.

Noch an der Martinigemeinde 1785, die schon in der neuen
fertigen Kirche stattfand, hatte Pannerherr Stadler laut Urk. 61 den
von seiner edlen Gesinnung zeugenden Antrag gestellt, die schon seit
einiger Zeit bestehende monatliche Armensteuer so einzurichten, „daß
man alle Sonntage im währenden Gottesdienste und
auch bei Trauungen die Steuer sammeln und dann fol-

---

*) Diese der Güte des Herrn Pfr. Egger zu verdankenden Angaben gingen
uns erst wenige Tage vor der arrangirten Feier zu.

ches fortdauern lasse, so lange das Evangelium von
Jesu Christo in dieser Kirche verkündt und geprediget
werde." Zur Belohnung des Steuersammlers hatte er ein Kapital
von 300 Gulden angewiesen. Die Gemeinde nahm den Antrag an.
Aber die Durchführung scheint sich immer schwieriger gestaltet zu haben.
Die Thatsache, daß Pannerherr Stabler es für nöthig fand, schon 1789
den Beschluß der Gemeinde ausdrücklich durch die Synode bestätigen zu
lassen, scheint auf eine beginnende Opposition in der Gemeinde zu
deuten.

Die Sitte der sonntäglichen Armensteuer erhielt sich bis in die
ersten Jahre unseres Jahrhunderts und reichte zur Bestreitung der
Armenunterstützungen mit den Fonderträgnissen aus. Als trotz vieler
öffentlicher Mahnungen 1806 diese freiwilligen Steuern nicht mehr
ausreichten, gesetzliche Armenanlagen erhoben werden mußten und über=
haupt die Gemeindesteuern immer mehr zunahmen, wurde das Kirchen=
sädli, wie es scheint, zeitweilig nur noch monatlich aufgehoben. In
den Hungerjahren 1816 und 17, wo eine Armenanlage die andere
drängte, ebenso, und seither kannte man nur noch eine Monatssteuer,
die anfangs der dreißiger Jahre in Abgang kam. Nur noch bei Hoch=
zeiten wurde für die Armen gesammelt, was 1835 auch noch einge=
stellt wurde. Es blieb nur das Abendmahlopfer zu Gunsten der Schul=
fonde, das nun seit 1881 zufolge eines hochherzigen Beschlusses der
Gemeinde zu freien Liebeszwecken, seiner natürlichen Bestimmung, ver=
wendet wird.

Allmählig erst legte sich in Flawil die bittere Unzufriedenheit
über die Entscheidung der Bauplatzfrage, ganz aber schwieg sie nie stille.
In unseren Tagen haben die gewaltige Bevölkerungsvermehrung in Flawil,
die zunehmende Conzentrirung alles Verkehrslebens auf die Umgebung
der Eisenbahnstation, die im gleichen Verhältniß wachsende Entblößung
Oberglatt's vom alltäglichen Verkehr und in Verbindung damit die
vermehrten Ansprüche des modernen Geschlechtes an Bequemlichkeit, ferner
nicht zum Wenigsten das nur zu berechtigte Gefühl, daß der lang ge=
streckten großen Ortschaft Flawil ein edles Wahrzeichen über dem Häuser=
gewimmel fehle, als das doch die Schornsteine der technischen Etablisse=
mente nicht gelten können und endlich die Entbehrung weihevollen
Glockenklanges — jene Unzufriedenheit neu geweckt. Ueberdies haben
die Kirchgenossen ab den Bergen, die natürlich einst so zu sagen Mann
für Mann für die Baustelle in Oberglatt eintraten, es einsehen gelernt,
daß jetzt, wo ein ganzes Netz schöner Zufahrtsstraßen sie mit Flawil
verbindet und der industrielle Verkehr sie in tägliche Beziehungen zu
Flawil bringt, neue ernstliche Collision der Interessen für sie nicht mehr
besteht, so daß heute eine Kirche im „Felde", für alle ursprünglichen
Kirchgenossen günstig und prächtig dastände. Daher der hocherfreuliche

Beschluß der Kirchgemeinde vom 6. September abhin, der durch Be=
gründung eines Baufondes für einen dereinstigen Kirchenbau und durch
Maßregeln zur Alimentirung desselben, sowie des seit einigen Jahren
bestehenden Fondes für kirchliche Bauzwecke in Goßau, die Sünden der
Vorväter, wenn man so reden darf, an unseren Kindern oder Enkeln
einst gut machen soll. Will's Gott geht es dann einst ohne ähnliche
Entzweiungen ab, indem die Entwicklung der kirchlichen Verhältnisse in
der Diaspora es bis zu jener noch fernen Zeit den Zugetheilten möglich
machen wird, die Muttergemeinde an ihrer natürlichen Gestaltung der
Dinge nicht zu hemmen.

VI.

Aus dem Entwicklungsleben der Gemeinde in den letzten 100 Jahren.

Das früher so bewegte und an spannungsvollen Knotenpunkten so
reiche Entwicklungsleben der Gemeinde lenkt nun in ruhigere Bahnen
ein. Um so reicher und voller entfaltete sich ihre weltliche Ent=
wicklung in politischer und gewerblicher Hinsicht unter den überraschenden
Fortschritten und Wechseln der modernen Zeit. In diese weltliche Ent=
wicklung ausführlich einzutreten, ist nicht meine Aufgabe. Ueberhaupt
glaubte ich meine Aufgabe vor allem darin suchen zu müssen, etwas
geschichtliches, aus den Urkunden geschöpftes Licht über die fern ver=
gangenen Zeiten zu verbreiten, für die die mündliche Ueberlieferung
ausgestorben ist. Darum nur einige flüchtige Scizzen und Streiflichter
über die Wandelungen, die die Verhältnisse, wie wir sie zur Zeit des
Kirchenbaues vorfanden, erfahren haben; wir haben auch so noch Vieles
zu sagen.

a) Die baulichen Veränderungen an den Pfrund=
gebäuden ꝛc.

Unser freundliches Gotteshaus, das heute, an den Festtagen
freilich nur, zu klein ist, damals aber bei einer Bevölkerung von höch=
stens 1400 Seelen übrigen Platz bot, hat seit seiner Einweihung durch
die Liebe und den Opfersinn der Gemeinde gar manche Veränderungen
und Verschönerungen erfahren. Der Kirchenbau von 1785 war ein

völliger Neubau. Aus der alten Kirche wurden nur die Thurmuhr und die Glocken herübergenommen.*) Die Thurmuhr trägt an ihrem eisernen Gestell die Jahreszahl 1633, und findet sich auch richtig in einem alten Rechnungsprotoll aus diesem Jahre vom Baumeister Peter Moosberger mit 217 Gulden verrechnet, wobei noch Reparaturen an Thurm und Kirche inbegriffen sind. Ob sie jetzt durchgehend reuovirt wurde, ist beim Abgang einer detaillirten Kirchenbaurechnung nicht zu sagen. Aber gewiß erhielt das Werk wohl erst jetzt diese selten sonst zu findende und wunderliche Berzweigung in den Kirchenchor, wo ein Zifferblatt, das fataler Weise seit Aufstellung der Orgel von der Kanzel aus nicht mehr sichtbar ist, dem Gottesdienst sein Zeitmaß regeln sollte. Die Uhr hielt, bekanntlich unter gar vielen Reparaturen, bis zum Herbst 1883 aus, wo sie mit einem Kostenaufwande von 1350 Fr. durch unseren bewährten Meister Aerne in Flawil bis auf's Gestell vollständig erneuert und mit einem Minutenzeiger auf dem dem Kirchenplatze zu= gewendeten Zifferblatte versehen wurde. Der kläglich abgenutzte Zustand des alten Werkes macht es wahrscheinlich, daß es zum guten Theile noch aus dem Jahre 1633 stammte. Möglich ist, daß auch die alten Zeittafeln herüber genommen wurden, wenigstens mußten schon 1803 neue für 15 Dublonen angeschafft werden. — Die herübergenommenen Glocken waren gleichfalls schon ziemlich alt, vielleicht zum Theil noch älter als unsere heutige zweitkleinste Glocke, die 1679 von den Gebrüdern Ernst in Lindau gegossen wurde und damals vielleicht eine abgegangene zu ersetzen hatte, während die übrigen bis 1808 aushielten, wo die größte barst und nun diese mit den zwei andern alten vom Meister Rosenlächer in Konstanz mit 1700 Gulden Kosten umgegossen wurden.**) 1859 mußten die meisten wegen Abnutzung bereits gewendet werden.

Und wie anders sieht's nicht nur droben am Thurme, sondern auch im Kirchengebäude selber aus, als vor 100 Jahren!

Die für die Familien der Stifter Egli und Stadler vorbehal= tenen Stühle im Chor und längs der nördlichen Schiffswand sind frei

---

*) Bielleicht auch der Taufstein, der ziemlich neu war, denn nach einer Notiz im Taufbuche wurde im August 1679, wo offenbar umfassendere Renova= tionen an und in der Kirche vorgenommen wurden, ein Kind in Mogelsberg getauft Mangels eines Taufsteines, also wohl wegen völligen Abgangs des alten und Anschaffung eines neuen.

**) Man trug sich damals mit dem Gedanken, etwa von einem aufge= hobenen Kloster eine alte große Glocke oder eine alte Orgel zu kaufen und wandte sich deshalb nach St. Blasien; der Glockengießer machte dann aber dem Ge= meinderathe begreiflich, daß eine solche gelegentlich gekaufte Glocke mit den an= deren klanglich nicht zusammenstimmen würde. Unsere Glocken sind sehr leicht, die größte wiegt nur 24 Zentner.

geworden; 1853 fanden sich auf amtlichen Aufruf hier keine berech=
tigten Familienerben mehr vor; die Versteigerung von Plätzen hat seit
1871 ganz aufgehört. Die schweren, düsteren Fenster aus kreisrunden
Scheibchen mit Bleifassung sind seit 1854 lichtvollen Fenstern mit
leichten Holzrahmen gewichen, den blendenden Sonnenschein dämpfen
seit 1869 geschmackvolle vorgelegte Rouleaux. Das Deckengewölbe —
der Kirche schönster Schmuck — wie überhaupt ihr ganzes Innere, das
ursprünglich nur mit der traditionellen reformirten Weißtünche versehen
war, ist nun mit matten Wasserfarben hübsch ausgemalt. Die feucht=
kalten und unter den Tritten schallenden Steinplatten der Kirchgänge
und des Taufsteinplatzes im Chor sind mit soliden Coccosteppichen belegt.
Kein Vorsinger mehr muß im Gottesdienste unter Herzklopfen den Ge=
sang anstimmen und in der Kinderlehre sich heiser schreien; seit 1870
leitet eine prächtige Orgel mit 2 Manualen und 22 Registern, von
Martin Braun und Sohn in Hofen bei Spaichingen erbaut, sicher und
schöner den Gemeindegesang, erlaubt auch das Singen schwieriger Me=
lodien und läßt sich auch selbstständig zu Gottes Preis und der Ge=
meinde Erbauung und Tröstung hören. Das Werk kostete mit der
besonderen Empore, die es erheischte, 10,000 Fr., wovon 4300 Fr.
durch freiwillige Beiträge und Legate zum Voraus gedeckt waren.

Und wie im Kirchengebäude, so sieht es auch um dasselbe
herum so viel schöner aus als 1785. Der einst ganz belebte und stets
befahrene Kirchenplatz wurde 1860 mit grünen Rabatten geschmückt und
das Fahrrecht des Nachbars losgekauft gegen Abtretung des Abwassers
von dem zwei Jahre zuvor erstellten Pfarrhausbrunnen. Der unschöne
und in verdrücktem Halbkreis um die Kirche gelagerte Friedhof wurde
1864 erweitert zur Form eines Rechteckes. Ein neues Eisengitter auf
steinernem Sockel schloß seine geweihte Erde ab. Diese Einfriedigung
führte auch zur Erneuerung des Hauptportales der Kirche. Im August
wurde der neue Friedhof unter feierlicher Einweihungszeremonie seiner
Bestimmung übergeben. Bei der ganz unvoraussehbaren Raschheit der
Bevölkerungszunahme der letzten Jahrzehnte und bei den verschärften
Bestimmungen des neuen Begräbnißgesetzes von 1874 mochte er nicht
auf lange Zeit zu genügen. Schon im Jahre 1881 mußte er neuer=
dings und zwar fast um's Zweifache seines bisherigen Bestandes er=
weitert werden. Dabei ging er entsprechend der 1884 durch Gesetz
erfolgten Säkularisirung des Begräbnißwesens in die Hände der poli=
tischen Gemeinde über, um freilich bis zur Stunde nur von den
Evangelischen benutzt zu werden. Den 2. Oktober 1881 wurde er unter
Betheiligung der politischen Gemeindebehörde, der beiden kirchlichen
Verwaltungsräthe mit Ansprachen der Sängervereine, Gemeindammann's
und des evangelischen Ortspfarrers auf erhebende Weise eingeweiht. Im

Gottesdienſte der evangeliſchen Kirche war eine Weiheprebigt voraus=
gegangen. Jede dieſer Friedhoferweiterungen koſtete circa 5500 Fr.

Die letztere Erweiterung hatte ſich um ſo leichter vollziehen laſſen,
als hiezu in erſter Linie der Garten des früheren Pfarrrhauſes benutzt
werden konnte, den ſammt Grund und Boden des alten Friedhofes die
Kirchgemeinde der politiſchen Gemeinde als Abkurung abtrat.

Im Jahre 1874 erbaute die Gemeinde, einen ſchon ſeit Jahr=
zehnten gewälzten Gedanken verwirklichend, ein neues Pfarrhaus, in=
dem ſie das bisherige zum Meßmerhauſe mit Abſteigequartier für den
Pfarrer beſtimmte und das Meßmergut dem gegenwärtigen Meßmer
Jakob Müller, der ſeit 3. Auguſt 1861 in ſeinem Amte ſteht, käuflich
abtrat. Der Bauplatz wurde im Feld droben gewählt; im öffentlich
ausgeſprochenen Gedanken, daß die Kirche doch über kurz oder lang dort
hinauf verlegt werde und in der ferneren richtigen Erwägung, daß
der Vortheil der erleichterten täglichen Beziehungen ſämmtlicher Haus-
bewohner zum Dorfe den Nachtheil der Trennung von Kirche und Pfarrhaus für die Perſon des Pfarrers überwiege. Das äußerſt vortheilhaft
aus ſchöner Gartenanlage heraus ſich präſentirende und geräumig und
bequem für den Unterricht und das Amt überhaupt eingerichtete Haus
koſtete, Remiſe, Gartenanlage und Bauſchuldzinſen inbegriffen, 45,000 Fr.
und wurde den 28. Dezember 1874 bezogen. Abgeſehen davon, daß
das alte Haus auch beſcheidenen Anſprüchen nicht mehr genügte, hatte
das Bedürfniß eines größeren Unterrichtslokales gebieteriſch einem Neubau gerufen. ,

b) Neuerungen in Gottesdienſt und Unterricht.

Aber auch im eigentlich gottesdienſtlichen Leben der Gemeinde hat ſich ſeit 1785 vieles verändert. Welke Blüthen ſind vom
Baume gefallen und dafür neue hervorgewachſen. Anknüpfend an das
1819 in allen evangeliſchen Schweizergauen feierlich begangene 400=
jährige Reformationsgedächtniß einigten ſich die evangeliſchen Landes=
kirchen zur Einführung eines einheitlichen Kirchenkleides ihrer Geiſtlichen
nach dem Muſter der zur Reformationszeit üblichen weltlichen Tracht, und
ſeither geht auch der Oberglatter Pfarrer im Ornat mit Bäffchen und
Barett, durch ſein beſonderes Kirchenkleid an den Ernſt und die Feierlichkeit ſeiner Aufgabe erinnert, zu ſeinen Amtshandlungen.

Das gleiche Jahr brachte unſerer ſt.-galliſchen Landeskirche auch
ein eigenes Kirchengebetbuch, welches das bisher übliche zürcheriſche
erſetzte und ſeither zweimal im Sinne der Anpaſſungen an den ver-
änderten ſprachlichen Geſchmack und in Berückſichtigung der verſchiedenen
kirchlichen Richtungen umgearbeitet und erweitert worden iſt. Ebenfalls .
1819 wurde auf Anregung des rührigen Pfarrers Pfenninger ein

Sylvesterabendgottesdienst, das Einläuten des neuen Jahres in der Sylvesternacht, sowie der Festtage an ihrem Vorabend eingeführt. Es scheint jener unter den nachfolgenden Geistlichen in Abgang gekommen zu sein, bis in neuester Zeit, Dank der Anregung der Gesangvereine, er in der freieren Form unserer jetzigen Sylvesterfeier seine Aufer= stehung feierte.

Schon zehn Jahre vorher verstummten in unserem Gotteshause die schwertönigen schleppenden Psalmenlieder mit den sprachlich oft so philisterhaften Texten von Lobwasser; das 1805 erschienene st.=gallische Gesangbuch ward den 18. Oktober 1819 zum ersten Mal von der Gemeinde der Erwachsenen nach mancherlei Einübungen mit Alt und Jung im Gottesdienste gebraucht *) und erhielt sich im Gebrauche, bis es 1872, am Sonntage nach Pfingsten, durch unser jetziges, sogenanntes fünförtiges, wenigstens melodiös vortreffliches Gesangbuch abgelöst wurde, zu neuem Gewinn für unser gottesdienstliches Leben.

Seit 1832 feiern wir vereint mit den Eidgenossen aller Con= fessionen je auf den 3. Herbstsonntag Bettag, und zwar seit Begründung des Bundesstaates immer mehr im Sinne einer religiösen Landsgemeinde der Eidgenossen, während er früher in jedem Kanton und jedes Jahr zu anderer Zeit, oft an einem Werktag, gefeiert wurde und mehr nur Bußtag war und einen mehr confessionellen, als patriotischen Anstrich hatte. Aehnlich begehen wir seit 1860 mit allen evangelischen Schweizerkirchen den Charfreitag als hohen Festtag. Am früheren Höhe= punkt des Passionsgedächtnisses, dem hohen Donnerstage, blieb nur eine Abendpredigt, die seither, wie fast überall, auch bei uns (seit 1874) aufgegeben worden ist.

Die Confirmation, die erst mit diesem Jahrhundert als be= sondere kirchliche Feier aufkam und am Charfreitag Mittage gehalten wurde, nachdem am Palmsonntag Mittag eine öffentliche Prüfung der Con= firmanden auf die Kenntnisse des Katechismus stattgefunden, wurde bei uns in den fünfziger Jahren schon auf den Palmsonntag Mittag und endlich in den siebziger Jahren mit Weglassung alles Examiniren's auf den Palmsonntag Morgen verlegt und ist nun immer mehr zur an= ziehendsten Feier in unserem kirchlichen Leben geworden. Bei der Abendmahlsfeier, bei der seit der Reformation in allen st.=gallischen Gemeinden die lutherische, sogenannte wandelnde Form üblich war, während man sich doch sonst in der ganzen kirchlichen Organisation von Zürich beeinflussen ließ, wurde mit Ostern 1875 die „sitzende", zürcherische Form eingeführt.

---

*) Einige Zeit lang wurden neben dem Vorsinger Blechinstrumente zur sichernden Begleitung der Choräle verwendet.

Die früher ununterbrochen und bitter in den Protokollen ertönen=
den Klagen über das verfrühte Verlassen der Kirche, das sich selbst
auf den gewöhnlichen Gottesdienst erstreckt hatte und geradezu zum
guten (?) Ton gehört hatte, sind seither verstummt.

Die Kinderlehre umfaßt nur noch 6 Jahresklassen (was immer
noch zu viel) statt, wie früher, deren 10 und mehr, indem die Kirchen=
ordnung von 1835 die Kinder erst mit dem 10. Altersjahre zuließ
und mit der Confirmation den Zwang zu fernerem Besuch aufhob. *)
Der örtlich beibehaltene Zwang für die Confirmirten, noch 2 Jahre,
(seit 1863 wenigstens noch ein Jahr) die Kinderlehre zu besuchen,
führte zu steten Reibungen und ließ sich nie völlig durchführen; er war,
vereint mit der verfrühten Aufnahme der Kinder, die Ursache, warum
trotz Zuhülfnahme von Lehrern, trotz eines 1824 aufgestellten Kinder=
lehrreglements mit 31 Artikeln (!) die Klage über Unruhe und Unfug
in der Kinderlehre kein Ende nimmt. 1871 wurde endlich dieser
Zwang ganz abgeschafft.

Für Verbesserung des Religionsunterrichts während der Woche
ist in den letzten hundert Jahren Vieles geschehen. Für die jüngere
Altersstufe vom 10. Jahre an und vom Schulunterrichte gesöndert,
war er im letzten Jahrhundert allmählich aufgekommen und durch eine
Verordnung von 1808 bereits gesetzlich bestimmt, aber fast nirgends
in geregelter Art durchgeführt worden. Umsonst, daß die Kirchenord=
nung von 1835 ihn wenigstens für alle der Alltags=Schule Entlassenen
wöchentlich einmal in nach den Geschlechtern getrennten Klassen forderte,
umsonst daß sich die Oberbehörden mehrmals in's Mittel legten, — noch
1842 wurde im Widerspruche zu ihren ausdrücklichen Weisungen bei
uns auf der Sitte beharrt, daß die Ergänzungsschüler über den Winter
dem Unterrichte ferne bleiben. 1852 wurde zwar von der Kirchenvor=
steherschaft verfügt, daß die Ergänzungsschüler auch im Winter sich
einzustellen haben, aber der Beschluß konnte offenbar nicht völlig durch=
geführt werden, denn erst mir war es beschieden, alle Ergänzungsschüler
auch über den Winter im Unterrichte zu haben und diesen in metho=
discher Konsequenz auszugestalten zu können.

So würde also, wenn einer der Väter, die unser Gotteshaus
erbaut, heute aus dem Grabe stiege und wieder einem Gottesdienste
beiwohnte, er gar Vieles verändert finden, am Hause selbst, wie an
dem, was drinnen sich zeigt und vorgeht in Lied, Wort und Zeremonie.
Vieles wohl würde ihn befremden, aber Eines vermißte er sicherlich

---

*) Noch 1811 und 1814 verordnete der Gemeinderath bei Geldbuße zur
Abwehr des Herumstreifens, daß alle jungen Leute von 9—18 Jahren Vor=
mittags und Nachmittags zur Kirche geben.

gerne vom alten Brauch, den sogenannten Kirchenruf, diesen leidigen und oft entwürdigenden Appendix des Gottesdienstes, dessen Funktionen nach Jahrzehnte langen vergeblichen Beseitigungsversuchen 1875 die unter dem Vordache angebrachte Publikationstafel und seit Jahresfrist der Bezirksanzeiger übernommen hat.

Unser jetziges Gotteshaus hat seit seinem Bestande auch mehrere ungewohnte Feiern in seinen Mauern gesehen. Den 3. Januar 1819 die obenerwähnte Reformationsfeier. Sie wurde mit 2 Festgottesdiensten begangen, die auch von Katholiken zahlreich besucht und durch Vokal= und Instrumentalmusik unter Major Conrad Egli in ihrer festlichen Weihe gehoben wurden. Acht Tage später wurde eine von Lehrer Egli durch Jugendchöre bereicherte Reformations=Kinderlehre gehalten. Noch ist in manchem Hause als Erinnerung an diesen in der ganzen evangelischen Schweiz schwungvoll begangenen Tag ein Exemplar der Festschrift aufbewahrt oder der zürcherischen Reformations= lieder, zu denen Hs. Georg Nägeli die einfachen schönen Melodien lieferte.

Mit gleicher Feierlichkeit und Theilnahme wurde den 6. Januar 1884 die 400=jährige Gedächtnißfeier der Geburt Zwingli's begangen. Die Festrede der Morgenfeier war der Charakteristik Zwingli's als Theologen, Politiker's, Bürger's und Märtyrer's, die der Abendfeier der Abmusterung der kirchlichen, religiösen, staatlichen und sozialen Früchte seines Kampfes gewidmet. Beide Festakte wurden durch imposante Vorträge unserer vereinigten Sängerchöre unter der bewährten Führung des Herrn Reallehrer Steiger auf's Herrlichste aus= geschmückt. Das einfache zwinglische Lied: „Herr, nun heb' den Wagen selbst" klingt allen Theilnehmern unvergeßlich im Ohr und Herzen nach.

Der Zwinglifeier folgte bald nach die Festlichkeit, zu deren blei= bender Erinnerung dies Schriftchen geschrieben ist, unsere Säkular= kirchweihfeier. Am 15. November letzten Jahres wurde sie gehalten mit absichtlicher Vermeidung des sonst bei solchem Anlaß üblichen Prunkes. Die für die Mehrheit der Kirchgenossen so ungünstige Lage der Kirche ließ keine allgemeine Freude am Kirchenbau von 1785 aufkommen. Aber der ehrwürdigen geistlichen Nährmutter sollte doch die gebührende Ehre werden. Festgeläute am Vorabend und Frühmorgen verkündeten den feierlichen Tag. Die einfach aber geschmackvoll mit Blumen, Guir= landen und Inschriften dekorirte Kirche füllte sich zur gewohnten Zeit des Morgengottesdienstes mit festlichen Schaaren. Die äußerlich an Psalm 84, 2—5, innerlich an die seit 1785 in dieser Kirche vollzogenen gottesdienstlichen Akte anknüpfende Festpredigt war mit erhebenden Chören unserer allezeit willigen Sängervereine und der Jugend um= rahmt, dann folgte die Verlesung der obigen Schilderung des Kirchen= bau's. Des Mittags sammelte sich die Jugend, Gott ihren Dank und

der Stätte seiner Anbetung ihre Festlieder darzubringen. Das an sie
gerichtete Wort suchte ihr den Segen zum Bewußtsein zu bringen, den
neben Haus und Schule die Kirche ihr für Herz und Leben vermitteln
will. Dann gelangte im Auszuge zur Verlesung, was dies Büchlein
über die Entwicklung unserer Kirchgemeinde von der Urzeit bis zum
Kirchenbau von 1785 erzählt. Dazwischen ertönten die Festlieder der
Jugend unter der Leitung des um den Jugend= wie um den Kirchen=
gesang unserer Gemeinde so vielverdienten Herrn Lehrer Ruß. Der
mittäglichen Feier fehlte die ausgiebige Theilnahme der Erwachsenen.
Die Jahreszeit war von vornherein, die augenblickliche Witterung vol=
lends, dem Feste nicht günstig. Und der Witterung entsprach die
Stimmung vieler Herzen. Von einer festlichen Vereinigung außerhalb
der Kirche hatte man Umgang genommen. Die Einen haben's begriffen,
den Andern hat's gemangelt. — Reden wir von ungewohnten reli=
giösen Feiern, die unser jetziges Gotteshaus erlebt, so darf auch dessen
erwähnt werden, daß es seit 1877 ab und zu von den Christkatholiken
Flawil's zu Gottesdiensten benutzt wird.

c) Entwicklung der Gemeindeorganisation.

Nach diesem Streifzug durch die Geschichte der Veränderungen,
die unsere Kirche und unsere Pfrundgebäude und das in ihnen gepflegte
Leben in den letzten hundert Jahren erfahren, erübrigt mir noch, der
seitherigen Entwicklung der organischen und ökonomi=
schen Gestaltung der Gemeinde nachzugehen.

Bald nach dem Bau unserer Kirche klopfte unter den wuchtigen
Hammerschlägen der französischen Revolution eine neue Zeit an die
Pforten der Weltgeschichte. Ihr Widerhall war im ganzen Schweizer=
lande groß. Gewaltige politische Erschütterungen brachen herein und
machten sich auch im Toggenburg fühlbar. Das Feldgeschrei von Frei=
heit und Gleichheit drang über den Jura herüber und übte auch hier
seinen Zauber. Auch bei uns wurden die „Freiheitsbäume" auf=
gerichtet, die Symbole der Selbstherrlichkeit des Volkes. Es waren be=
wegte Tage. Französische und „kaiserliche" Heeresabtheilungen
zogen durch's Land unter allerlei Plündereien und Diebereien. Flawil
hat jene auch gesehen und diese erfahren, dazu hatte es schwere Kriegs=
steuern aufzubringen *); doch es verschmerzte sie willig, brach doch der
draußen zusammensinkenden alten Eidgenossenschaft die 300 Jahre lang
so widerwillig getragene äbtische Herrschaft über das Toggenburg nach.
Es kamen von 1798—1803 die aufgeregten, an Erwartungen wie Ent=
täuschungen so reichen Jahre der helvetischen Republik mit ihrer durch

---

*) Nur von 1798—1801 hatte der Distrikt Flawil 43,000 Gulden für
Einquartirung, Lieferung von Lebensmitteln und Fuhrwerken ec. zu bezahlen.

die Kriegsereignisse verursachten Unsicherheit und ihrem steten Wechsel in der staatlichen Ordnung, wobei Flawil Distriktshauptort des neuen Kantons „Säntis" ward, und an der Spitze seiner Gemeindebehörde, der Munizipalität, den „Bürger Präsident N. N." sah, statt der bisherigen „Vorgesetzten" mit „Ammann und Baumeister" und Burgau seine eigene Gerichtsherrlichkeit für immer verlor. Doch diese Jahre der Helvetik gingen ja bald vorüber. Die Mediationsakte von 1803 schuf den Kanton St. Gallen und gliederte das Toggenburg zu seinem Wohle bleibend einem größeren Staatsganzen an. Flawil — der alte Name Oberglatt blieb nur für die Kirchgemeinde *) — ward Hauptort des Distriktes und des Bezirkes und in dieser bevorzugten Stellung blieb es auch unter den vielen organischen Umgestaltungen, welche die Restaurationsverfassung von 1814 mit ihrem unglücklichen, ausgeprägt konfessionellen Charakter, die fortschrittliche Verfassung von 1831 und endlich die bestehende von 1861 mit sich führten.

Die neue Ordnung der Dinge machte sich sofort im ganzen Ge= meindeleben, auch auf dem kirchlichen Gebiete, durchgreifend fühlbar, vor allem durch mancherlei Reorganisationen und allmähliche Trennung der bisher der Einen Kirchgemeinde und der der Einen Gemeindebehörde zugewiesenen Verwaltungsaufgaben. Als die Helvetik mit Einem Schlage 1799 die Gemeindeorgani= sation nach französischem Muster umformte, ward zunächst die Munici= palität mit der Gemeindekammer (Güter= und Fondverwaltungsrath, dessen Funktionen auch der Municipalität übertragen werden konnten, was gerade bei uns geschah) und von 1803 unter der Mediationsver= fassung der Gemeinderath der Erbe aller Funktionen der früheren „ Vor= steher der Gmeind Oberglatt beider Religionen". In der Hand dieser Einen Gemeindebehörde lag zunächst Alles, nicht nur die Besorgung des Polizei= und Straßenwesens, sondern auch des Armen=, Schul= und Kirchenwesens.

Das Armenwesen wurde seit der Reformationszeit vom Armen= leutenvogt, einem der „Vorgesetzten" geleitet, der jährlich dieser Gesammt= behörde Rechnung ablegte. Die erhaltenen Rechnungen gehen freilich nur bis zum Jahre 1734 zurück. Als stehende Posten figuriren darin: „Lehr= und Gewand= und Scherrlöhne (Arztconti), sodann „den frönden Durch= reisenden Brandsteuer und Almusen". Man verabreichte also schon da= mals ein Ortsgeschenk. Die alte Gemeinde Oberglatt hatte ihr altes,

---

*) Umsonst wünschte man 1833, daß im neuen Gesetze betr. die Orts= gemeinden für hiesige Ortsgemeinde der historisch-ehrwürdige Name Oberglatt bei= behalten werde; der Große Rath schenkte kein Gehör.

gemeinsames Armengut. Dazu besaßen die Evangelischen noch einen Separatfond mit eigenem Pfleger, den in den 80er Jahren des letzten Jahrhunderts aus einem Vorschuß von der sog. „Sklavensteuer" be= gründeten, durch Legate und 1792 aus dem Erlös der veräußerten Voralpen vollends geäufneten Wittwen= und Waisen=Fond. Mit der neuen Ordnung der Dinge änderte sich im Armenwesen wenig. Die Confessionen hätten ihre Armen getrennt besorgen können, man zog aber bei der kleinen Zahl von Katholiken vor, das Armenwesen dem Ge= meinderathe, der ohnehin die Oberaufsicht hatte, zu übertragen. Das bisherige Armengut hatte freilich 1803 getheilt werden müssen auf Ver= langen von Degersheim, das jetzt auch politisch selbständig geworden war. Die Vertheilung ward nach „Räuchen" vorgenommen und es erhielt von dem Gesammtgut von 2724 Gulden: Degersheim 804 Gulden, die evangelische Gemeinde Oberglatt 1720 Gulden, die katholische Gemeinde Flawil 199 Gulden. Die Fonde blieben Eigenthum der Confessionen, die die Zinsen dem allgemeinen Armenpfleger *) ab= lieferten. Aus diesen und den allgemeinen Kirchenopfern wurden die Ausgaben bestritten, auch der evangelische Wittwen= und Waisenfond gab für die evangelischen Wittwen und Waisen seine Zinsen her. Als dann aber von 1806 an und zumal 1816 und 1817 diese Quellen nicht mehr ausreichten und deshalb hohe Armenanlagen erhoben werden mußten, behielt der evangelische Wittwen= und Waisenfond seine Zinsen für sich und wurde endlich 1859 unter die evangelischen Schulfonde ver= theilt, nachdem er schon 1836 für die Errichtung der ersten Armen= anstalt in Anspruch genommen, dann aus einem Rest durch Zinszuwachs und Legate neu begründet und geäufnet worden war. Das Armen= wesen — auch das ortsbürgerliche — blieb bei uns stets Sache des Gemeinderathes. Aus der 1839 erfolgten Verschmelzung des evange= lischen und katholischen Armengutes ist unser ortsbürgerliche allge= meine Armenfond entstanden. Ungemein wohlthätig wirkte auf unser Armenwesen ein die Errichtung des alten Armenhauses 1836 und die Erbauung unserer neuen vortrefflichen Armenanstalt 1859, sowie die Gründung des freiwilligen Armenvereins 1856.

Bis 1799 gab es im Toggenburg kein politisches Gemeindebür= gerrecht. Der Toggenburger hatte in jeder Gemeinde des Landes Bürgerrecht im politischen Sinn. Der durch die neuen Verhältnisse entstandenen Verwirrung im Bürgerrechtswesen machte die Regierungs= verfügung ein Ende, daß jeder Toggenburger Bürger der politischen Gemeinde sei, in der er im Dezember 1803 seinen Wohnsitz gehabt.

*) Erst von 1839 bestellte der Gemeinderath zur Besorgung des Details der Armenwesen eine dreigliedrige Armenkommission.

Freilich entstunden — auch bei uns — nun viele Anstände bezüglich der Einbürgerung der damals auswärts wohnenden Toggenburger.

Auch das Schulwesen ging mit der Helvetik einfach auf die Municipalität, 1803 auf den Gemeinderath, über. Die Vorgeschichte des Schulwesens ist indessen unklar. Die eigentlichen Schulrechnungen reichen nur in's Jahr 1780 zurück. Damals bestund ein von der Kirchgemeinde gesetzter Schulvogt, der das gemeinsame Schulgut verwaltete und die Erträgnisse desselben an die Ortsschulpfleger ausrichtete. In jenem Jahre gibt es schon je einen Schulmeister zu Flawil, zu Burgau, Alterswil, Egg und Botsberg. Aber höchstens Flawil besaß ein eigenes Schulhaus. Die Schulmeister, ohne alle Fachbildung, trieben meist noch ein Handwerk und mußten das Schullokal selber liefern. Wann das Schulwesen förmlich von der Gemeinde übernommen wurde, ist nicht ersichtlich. Von der Reformation an war sicherlich für Beschulung, wenn auch ohne Schulzwang, gesorgt, aber es brauchte lange, bis an die Stelle der Willkür die feste Ordnung trat. Etwas besser wurde es, als nach dem Zwölferkriege das Toggenburg für's evangelische Kirchen= und daher auch für das mit ihm verbundene Schulwesen unter selbsteigene, von Zürich aus kontrolirte Verwaltung kam. Aber noch 1733 wurde in der Toggenburger Synode über viele Mißstände im Schulwesen geklagt und erließ dieselbe die Verfügung, daß nach Art. 66 des Landfriedens die Lehrer von den Pfarrern und Vorgesetzten zu wählen seien*), und vorher und nachher nimmt sie Klagen entgegen, daß die Schulgüter von Vorgesetzten gelegentlich zweckwidrig verwendet werden und die gesetzliche Schulzeit, damals mindestens 12 Wochen, nicht inne gehalten werde. Unsere ältesten Gemeindsrechnungen sind Kirchenrechnungen, in denselben wird erst 1757 ein Vorsteher Schulvogt genannt. Aber in den Taufbüchern wird schon 1637 eines Schulmeisters Zwick zu Entzwil, 1653 eines Schulmeisters Egli zu Tegerschen, 1685 eines Schulmeisters Steiger zu Flawil erwähnt. Erst seit dem Landfrieden scheint bei uns das Schulwesen, das früher wohl örtlich durch die Hausväter in Verbindung mit dem Pfarrer besorgt wurde, unter die zentrale Leitung der Vorsteher der „Gemeinde Oberglatt" genommen worden zu sein und sich über alle Gemeindebezirke erstreckt zu haben. 1796 ward dann das gemeinsame Schulgut unter die einzelnen Schulbezirke, wie sie heute noch existiren, vertheilt. Die verbürgerten Hausväter des Bezirkes bildeten die Schulgemeinde.

*) Es scheinen die Hausväter, um billig durchzukommen, oft ganz ungeeignete Persönlichkeiten gewählt zu haben.

In das kümmerliche Schulleben — selbst Flawil besaß zu Anfang unseres Jahrhunderts nur eine Halbjahrschule — brachte die neue Zeit mit ihrem fortschrittlichen Triebe wirkliche Besserung: doch nur allmählich, denn der Schule fehlte noch die Hauptsache: neben geschulten Lehrern das Verständniß alles Volkes für ihre hohe Bedeutung. Das Schulgesetz vom 7. August 1805 gab jeder Confession in einer politischen Gemeinde ihren besonderen Schulrath, der aus dem Pfarrer und einigen Mitgliedern des Gemeinderathes bestund, und der also, wo, wie bei uns, mehrere Schulbezirke gleicher Confession vorhanden waren, einen zentralen Schulrath bildete, welcher in jedem Bezirke mit dem örtlichen Schulvogte seine Sitzungen hielt. Die Schulgenossen konnten noch einen Beisitzer erwählen. Jede Schule mußte ihre Schüler in drei Klassen trennen und mindestens 24 Wochen lang gehalten werden. Und nun ging es, wenigstens bei uns, an ein fröhliches Schaffen und Gestalten im Sinne des Fortschrittes.

Ueberall war Pfarrer Pfenninger voran, gleich seinen Collegen Rabholz in Oberuzwil und Rothmund in Niederuzwil in ihren Ge= meinden. Er führte ein Protokoll über die Schulrathsverhandlungen ein, nahm die Lehrer in Privatunterricht, um ihre Kenntnisse zu be= reichern und scheute keine Anfeindung kurzsichtiger Elemente, wo es galt, den wohlgemeinten Verordnungen der Oberbehörden Nachachtung zu verschaffen. Er sorgte für passende Schulbücher und kostenfreie Verab= reichung derselben an die Armen, für Ermunterung der Fleißigen durch Austheilung der damals beliebten Examenprämien, stachelte die Schul= räthe zu fleißigem Schulbesuche an und hielt strenge darauf, daß die gesetzliche Schulzeit ausgehalten werde. Da half es nichts, daß einst der Eggauer Schulvogt daher kam mit der Erklärung, die Schule, die nun 18 Wochen gehalten worden sei, müsse geschlossen werden, da die Zinsen des Schulkapitals erschöpft seien und die „Gegend" nicht mehr zahlen wolle. Pfenninger versammelte sofort den Schulrath und erwirkte dessen Verfügung, daß die gesetzliche Schulzeit ausgehalten und der Schul= meisterlohn durch die Väter der Schulkinder bezahlt werden müsse.*) Der frühere Schulvogt, der überall gegen das Wirken des Schulrathes intriguirte und diesen verlästerte, wurde vorbeschieden und mit gerichtlicher Klage be= droht. Pfenninger's rühriges Wirken fand auch bei den Oberbehörden An= erkennung und wurde durch seine Ernennung zum Bezirksschulinspektor belohnt. Allmählich gelang es, das Volk zu besserer Schätzung der Schule heranzuziehen. Burgau beschloß 1814, daß jeder Schulbürger bei der Ver=

---

*) Das Steuerzahlen für die Schule gieng damals überhaupt vielen Gemeinden nicht in den Kopf. Flawil, das 1804 eine Schulsteuer erhoben, be= durfte 1806 neuerdings einer solchen. Der Gemeinderath bat den Erziehungsrath um ein Aufmunterungsschreiben zu Handen der Schulgenossen, damit der Steuer= antrag eher angenommen werde.

4

ehelichung 2 Thaler in den Schulfond zu legen habe, Flawil sammelte auf freiwilligem Wege 1400 Gulden zur Aeufnung seines Fondes, um die Schule zur Freischule zu machen; auch fühlte man, daß der eine Lehrer mit seinen 100 Schülern nicht mehr allzu lange die Last tragen könne und bei Zeiten für kommende erweiterte Bedürfnisse müsse vor= sorgt werden. Aehnliche rühmliche Anstrengungen machten Botsberg und Alterwil. Die Verfassungsänderung von 1814 unterband das fröhliche Schaffen auf dem Gebiete der Schule. Der parität. Er= ziehungsrath · wurde aufgelöst, der strengste Confessionalismus drang wieder in die Oberleitung. Jeder Schulkreis erhielt einen eigenen Schulrath und konnte nun selbstständig wirthschaften, der Zentralschulrath hörte auf. Der Pfarrer, von Amts · wegen Mitglied aller Schulräthe, blieb das einzige verbindende Band. So blieb es auch noch unter der Verfassung von 1831. Daneben erhielten sich noch bis in die Mitte unseres Jahrhunderts die gemeinsamen Frühlings=Examen in der Kirche zu Oberglatt. Am Morgen wurde den Schülern von Flawil und noch etwa Burgau oder Botsberg dazu, des Mittags den 3 anderen Schulen die Prüfung abgenommen, nachdem am Sonntag vorher im Pfarrhause oder nebenan in der alten „Traube", später im „Hirschen" die Examenschriften mit Eifer „gestochen" worden waren. Am Schlusse erfolgte die Prämienvertheilung und später die heute noch übliche Erfrischung im Gasthause, wobei sich im Tanzlokale des Hirschen ein gar fröhliches Leben von Jung und Alt entwickelte.

Schwer gehemmt blieb das Schulwesen dadurch, daß nur die Ortsbürger Theil am Schulgute hatten und ausschließlich besteuert wer= den konnten, während die Kinder der Niedergelassenen den sogenannten „Schulbatzen" zu entrichten hatten. So war die materielle Lage der Schulen eine prekäre; erst Ende der 50er Jahre brachte die neue Stimmrechts= und Steuergesetzgebung endliche Abhülfe.

Eine weitere Hemmung der Schulentwicklung, nach innen wenigstens, war der in der ersten Hälfte unseres Jahrhunderts noch fortdauernde Mangel gehörig gebildeter Lehrkräfte. Diesen verschuldete nicht nur das Fehlen eines Seminars, sondern ebenso sehr die Thatsache, daß die meisten Schulen nur Winterschulen waren und der Lehrer, kärglich be= zahlt (2—6 Gulden per Woche), über Sommer in anderer Thätigkeit seine Existenz suchen mußte. Wer hätte unter solchen Umständen viel an seine Ausbildung wagen mögen? So hatte man auch jetzt noch meist nur schulmeisternde Handwerker, aber keine Lehrer. Noch zu An= fang der zwanziger Jahre hielt z. B. in Alterswil ein Metzger Schule; er konnte natürlich auch im Schulhalbjahr sein Gewerbe nicht völlig einstellen. Daß darunter die Schule litt, bezeugen die Schulrathsproto= kolle von Alterswil.

Es ist mir natürlich nicht verstattet, der Entwicklung der nun selbstständig gewordenen Ortsschulen näher nachzugehen, ich habe schon zu weit ausgeholt — die nahe Verwandtschaft von Kirche und Schule möge mich entschuldigen — aber versagen kann ich es mir nicht, wenigstens die Etappen dieser Entwicklung kurz anzudeuten:

Flawil hat 1819 eine Ganzjahrschule, indeß mit bloß halb=tägiger Schulzeit für jede Klasse. 1827 wird für die auf 120 Köpfe an=gewachsene Schülerschaar eine zweite Lehrstelle errichtet, dafür aber die Schulzeit auf 26—30 Wochen reduzirt. 1832 aber schon wird diese wieder auf ³/₄ Jahre erstreckt. 1841 wird das kleine Schulhaus, das einst das katholische Pfarrhaus gewesen, umgebaut und erweitert nach heftigen Kämpfen und wiederholten Exekutionsandrohungen der Ober=behörde unter starker aber vergeblicher Agitation zahlreicher Schulgenossen für einen absoluten Neubau. 1848 errichtet Flawil mit Botsberg zusammen eine weibliche Arbeitsschule. 1850 wird die Ganzjahr=schule wieder eingeführt. Aber um der Anstellung eines dritten Lehrers zu entgehen, tritt eine künstliche und die Lehrer überbürdende Ab=wechslung im Schulbesuche ein. 1855 erneute Aenderung der Organi=sation, wonach die Oberschule von allen Schülern täglich 6 Stunden be=sucht, die Unterschule aber so getheilt wird, daß von ihren 4 Klassen je 2 einen halben Tag die Schule besuchen. 1862 wird auf Grund des neuen Schulgesetzes der Schulrath von der Gemeinde zur Vornahme der Lehrerwahlen ermächtigt, wobei es bis heute verblieb. 1864 wird die dritte Lehrstelle errichtet und die vordere Lehrerwohnung zum Schul=zimmer eingerichtet. Dieses ist aber räumlich so beschränkt, daß neben der 3. Klasse, die den ganzen Tag unterrichtet wird, die 1. und 2. nur halbtäglich alternirend zugezogen werden können. 1865 wird der Turnunterricht eingeführt und der Turnplatz hinter der „Toggenburg" erworben für 1600 Fr. 1872 beschließt die Schulgemeinde, die Er=gänzungsschüler nur nach voll absolvirtem zweitem Jahreskurse, nicht mehr nach absolvirtem 15. Altersjahre mitten im Schuljahre, zu ent=lassen. 1877 beschließt die Schulgemeinde den Bau eines neuen Schulhauses im „Ziel" mit 4 Lehrzimmern und einem Arbeitsschul=lokal, der alles inbegriffen auf eine Kostensumme von circa 70,000 Fr. devisirt ist. 1884 wird eine 4. Lehrstelle errichtet und werden die Schulen und Schulkreise Flawil und Botsberg verschmolzen. Der Lehrer=gehalt, der 1819 auf 252 Gulden stund, steht heute auf 1600 Fr., je mit Wohnung resp. Wohnungsentschädigung (jetzt 300 Fr.). Die Schülerzahl ist seit 100 Jahren von 80 auf 312 gestiegen.

Botsberg, früher mit Flawil vereint, besaß von 1775 an eine eigene Winterhalbjahr=Schule. 1785 schien sie dem Geldmangel zu erliegen. Rühmliche Anstrengungen der Bürger wehrten das drohende Ungeschick ab. Zehn Jahre später war bereits ein aus freiwilligen

Spenden und Legaten gesammelter Fond von 1000 Gulden da, den
fortdauernde Bemühungen der Ortsbürger weiter äufneten. 1825
wurde ein Schulhaus zu bauen beschlossen, dessen kleine Unterrichtsstube
1838 erweitert wurde. 1870, bei einer Schülerzahl von bloß 12 Schülern,
verzichtete Botsberg auf eine eigene Schule und übergab gegen eine
jährliche Zahlung von 100 Fr. sein indeß bald wachsendes Schüler-
schäärlein der Schule Flawil. Als 1877 in dieser Schule eine Ueber-
füllung eintrat und Flawil erschwerte Bedingungen stellte, zog
Botsberg seine Schüler zurück und eröffnete seine Schule wieder, um
sich wenige Jahre später für immer mit Flawil wieder zu vereinen
und so den erdrückenden Lasten einer unausweichlichen Erweiterung der
Schule zur Ganzjahrschule und eines Schulhausbaues zu entgehen.

Burgau und Egg besaßen vor 1780 getrennte Schulen; 1792
bis 1802 beschulten sie ihre Kinder gemeinsam, dann kam es wieder
zur Trennung. 1843/44 erbaute sich Burgau sein jetziges Schulhaus
nach langem Sträuben. 1875 erweiterte es in mannhaftem Anlauf
ohne viel Widerstand seine Winterschule zur ungetheilten Ganzjahrschule.
Egg, das seine Schule bisher im Winter hielt, gieng 1827 — merk-
würdiger Weise unter Aufmunterung durch Herrn Dekan Looser —
zur Sommerschule über, suchte aber dafür ein besseres Miethlokal auf;
1840/41 erbaute es seiner Schule das eigene Heim und erweiterte 1884,
durch die Oberbehörde gezwungen, aber auch kräftig ökonomisch unterstützt, seine Schule zur Ganzjahrschule.

Alterswil besaß seit Jahrhunderten nachweisbar eine Schule,
die bald zu Alterswil, bald zu Grobenentswil ihr Zelt aufschlug.
1827 erbaute es sein jetziges Schulhaus und erweiterte in seiner alt-
bewährten Schulfreundlichkeit schon 1865 seine Winterschule zur getheilten
Jahrschule.

Anfangs der 30er Jahre erlitten unsere sämmtlichen Schulgüter
durch den Concurs des Herrn Egli in Oberglatt schwere Einbuße; die
schöne Opferwilligkeit der Bürger machte überall den Schaden zum
größten Theile durch das Mittel freier Spenden wieder gut.

Die Realschule, zur Stunde noch die Institution einer freiwilligen Garantiegenossenschaft, wurde 1852 in's Leben gerufen, nachdem
seit Herbst 1836 im Städeli-Oberuzwil eine von Schulfreunden Oberuzwil's und Flawil's errichtete und unterhaltene gemeinsame Realschule bestanden hatte. 1884 erhielt sie ihr schönes, in der äußeren
Architektur wie in der inneren Eintheilung gleich musterhaft ausgeführtes
eigenes Schulgebäude, das ihr und der Gemeinde gerechter Stolz ist.
Die politische Gemeinde spendete 2000 Fr., privater Opfersinn 6000 Fr.
an den Bau.

Nicht minder durchgreifend gestaltete sich mit der von der Wende der Jahrhunderte anhebenden neuen Zeit die Organisation des Kirchenwesens um. Die durchgreifendste Umgestaltung in der Gemeindeökonomie gleich zu Anfang der neuen Zeit war der Loskauf des sogenannten Gemeindsbrauches. Die uralte Zehntpflicht der Oberglatter Güter war, wie oben beschrieben, 1528 vom Gotteshause Magdenau losgekauft und im Einverständniß aller Gemeindsgenossen (s. Urkunde 5) durch eine Grundsteuer in Geld, das sogenannte Jucchartgeld, zur Bestreitung der Pfarrbesoldung, des Unterhalts der Pfrundgebäude und des Unterhaltes von Wegen und Brücken ersetzt worden. Später zog man auch das „Eigengut“ d. h. das Vermögen bei. Die Verlegung dieser Steuer auf diese ehemals nach Magdenau zehntpflichtigen Güter hieß man den Gemeindsbrauch.

Dieser Gemeindsbrauch war längst ein Quell der Zerwürfnisse und immer neuer Anstände geworden, und die mit der Zeit immer häufigeren ganzen und theilweisen Handänderungen brachten Verwirrung in die Brauchbücher. Als nun Degersheim auch politisch selbstständig geworden, wünschte es mit Recht die endliche Loslösung aus diesem Knäuel der Wirrniß und aus der Steuerpflicht nach Oberglatt überhaupt, und in die Organisation der neuen politischen Gemeinde Flawil paßte der alte Brauch auch nicht mehr. Schon 1804 hatte dann das Administrationsgericht verfügt, daß der Gemeindsbrauch neu geordnet, d. h., daß alle in der ehemaligen Gemeinde Oberglatt gelegenen Güter mit einer gewissen Auflage belastet werden und zwar ausschließlich nur für die Besoldung der zwei Pfarrer. Alles übrige sollte durch besonderen Brauch bestritten werden. Auf Betreiben von Degersheim entschlossen sich dann beide Gemeinden, das alte Uebel durch den Kaiserschnitt zu heilen. Am 17. Januar 1808 ward der Loskauf des alten Brauches beschlossen. Jeder Pflichtige sollte den zwanzigfachen Betrag des bisherigen Steueransatzes bezahlen; betrug dies mehr als 50 Gulden, so konnte die Summe als verzinsliches Schuldkapital auf den Gütern stehen bleiben. Der Ertrag des Loskaufes vertheilte sich hälftig auf die beiden Pfrundfonde, der unserige erreichte damit die Höhe von 8000 Gulden. Degersheim, das 2900 Gulden Loskaufssumme entrichtet, blieb auch jetzt noch für den Unterhalt der Brücken und Wege mit Flawil verbunden, die Lösung dieses letzten Bandes fällt erst in's Jahr 1845, wo die Oberglatter Brücke, das uralte Pfrundservitut von Oberglatt, um eine Abkurungssumme von 2000 Gulden an den Staat überging.

In der Verwirrung der Helvetik hatte sich Niemand um die Organisation des Kirchenwesens gekümmert. Die Municipalität, als die Amtserbin der früheren Vorsteher der ungetheilten Gemeinde, mußte auch hier alle Funktionen übernehmen. So weiterhin der bei der Entstehung des Kantons aufgestellte Gemeinderath. Von 1806 an trat

auch im Kirchlichen eine feste Organisation ein. Die ökonomische Ver=
waltung der Gemeinde fiel bleibend den evangelischen Mitgliedern des
Gemeinderathes zu, die den „Verwaltungsrath" bildeten.

Für's Innerkirchliche und Ehewesen wurde nach zürcherischem Muster
und Namen ein sogenannter „Stillstand" eingeführt, der 1808—18
aus vier von der Regierung gewählten und durch den Pfarrer
präsidirten evangelischen Gemeinderäthen, von 1818—35 aus 6 von
der Gemeinde frei erwählten Bürgern und dem wiederum von Amts
wegen präsidirenden Pfarrer bestund. Von 1835 an aus 6 frei
aus den evangelischen Gemeindbürgern gewählten Mitgliedern, und dem
Pfarrer, der nun aber nur noch Mitglied von Amts wegen war. Von
1835 an wurde ferner die kirchliche Verwaltung dem Gemeinderathe
abgenommen und ein aus 7 Mitgliedern bestehender eigener Ver=
waltungsrath aus den evangelischen Genossen aufgestellt, in dem der
Pfarrer weder Sitz noch Stimme hatte. Bei dieser Organisation blieb
es bis 1859, wo die Gesetzgebung auch den Niedergelassenen Stimmrecht
gab, den Gemeindeversammlungsbesuch für alle Kirch=Genossen obliga=
torisch machte, den so neugestalteten Kirchgemeinden die Verwaltung
ihrer ökonomischen Angelegenheiten übergab und es ihnen freistellte,
dieselbe auch der Kirchenvorsteherschaft zu übertragen, von welcher Lizenz
unsere Gemeinde sofort und bis heute Gebrauch gemacht hat.

Mit Recht. Denn die Gebiete des Innerkirchlichen und der öko=
nomischen Verwaltung greifen ja gelegentlich in einander über, und so
müssen Konflikte entstehen. Sie sind auch dagewesen. Mehrmals drang
z. B. die Kirchenvorsteherschaft auf Erhöhung des Pfarrgehaltes, um
den Pfarrer der Gemeinde zu erhalten oder bei Neubesetzung der Pfründe
leichter eine tüchtige Kraft zu gewinnen. Der Verwaltungsrath aber
konnte sich nicht zu einem Antrage auf Gehaltserhöhung verstehen und
die Kirchenvorsteherschaft hatte nicht einmal die Competenz, von sich
aus an die Genossenversammlung zu appelliren.

Im Uebrigen beweisen die Protokolle und die Thatsachen, daß
beide kirchlichen Behörden von Anfang unseres Jahrhunderts an stets
mit Treue und Eifer ihres Amtes walteten. Es herrschte in unserer
Gemeinde nie ein kleinlicher, knauseriger Geist, wie anderwärts, ein
bis zur Verwahrlosung der Pfrundgebäude ꝛc. getriebenes Sparsystem,
und für die berechtigten Wünsche der Kirchenvorsteherschaft hatte der
Verwaltungsrath außer in den oben erwähnten Confliktfällen immer ein
offenes Ohr oder ein freundliches Einsprachewort, das zur beiderseitigen
Einigung führte. Sein Werk sind die anfangs dieses Abschnittes er=
wähnten baulichen Veränderungen und Neugestaltungen am Kirchen=
gebäude, Pfarrhaus und Friedhof. Stets leitete ihn, ob auch die
Personen wechselten, der verständige Grundsatz, „ja nichts abgehen

zu lassen" und das löbliche Bestreben, vor allem das Gotteshaus und seine Umgebung und den Friedhof in. einem ihrer Bestimmung würdigen Zustande zu erhalten. In diesem Bestreben erlaubte er sich gelegentlich eigenmächtig vorzugehen, wie er z. B. eine 1850 von der Gemeinde verworfene Hauptreparatur im Innern und Aeußern der Kirche in den folgenden Jahren allmählich von sich aus durchführte zur schließlichen Befriedigung auch der Bürger. Gleich eigenmächtig konnte er freilich nicht vorgehen bezüglich eines in gleicher Gemeindeversammlung abgelehnten individuellen Antrages des Verwaltungsrathes Egli auf Erbauung eines neuen Pfarrhauses. Und es war gut, daß er's weder konnte, noch wollte. Sonst hätten wir unser prächtiges Pfarrhaus im Felde nicht. Auch für die dereinstige Verlegung der Kirche in's Feld wäre ein verhältnißmäßig neues Pfarrhaus in Oberglatt ein schwerer Hemmschuh. Aber fatal war nun, daß zur Herstellung eines Unterrichtslokales für die Confirmanden neuerdings verhältnißmäßig große Summen mußten aufgewendet werden, um doch nur eine Räumlichkeit zu schaffen, die sich bald wieder als unerträglich beschränkt erwies. Der Confirmandenunterricht mußte nämlich ursprünglich in des Pfarrers Wohnstube abgehalten werden, der übrige Unterricht wurde im Sommer in der Kirche gehalten, im Winter einfach eingestellt. Dann wurde ein besonderes Unterrichtszimmerchen geschaffen, das 1845 schon mit hohen Kosten erweitert werden mußte, um 14 Jahre später schon wieder nicht auszureichen.

Auch die andere, anfangs dieses Jahrhunderts geschaffene kirchliche Behörde, der „Stillstand" oder die spätere „Kirchenvorsteherschaft", nahm ihre Aufgabe eifrig an die Hand. Das Triebrad war darin laut den Protokollen der jeweilige Pfarrer. Stets fand er an seinen Stillständern entgegenkommende, gleich ihm sittlich ernst denkende Gehülfen und Vorgesetzte, und durch 8 Jahrzehnte des Bestandes der Behörde kam es in ihr nie zu Zerwürfnissen mit dem Pfarrer, wenn wir dahin nicht die etwelchen Trübungen rechnen wollen, die anfangs der siebziger Jahre der erwachende Gegensatz und beginnende Kampf der verschiedenen religiösen Richtungen heraufbeschwor. Mit Ernst und Würde wartete die Behörde ihres Amtes als Sittenbehörde und Ehegericht. Kräftig schritt sie ein gegen Concubinate und zu Zeiten auftauchende Schlupfwinkel der Verführung der halbwüchsigen Jugend, gegen jugendliche Unfugen und Nachlässigkeit der Eltern in der Kinderzucht und der Kinder im Kinderlehr= und Schulbesuch. Sie erließ von Zeit zu Zeit öffentliche Mahnungen zu besserer Sonntagsheiligung, trat klagend beim Gemeinderathe gegen Wirthshaus-Excesse und Entweihung des Sonntags auf, zog unsittlich Lebende jeden Alters und Standes vor ihre Schranken. Nachdrücklich unterstützte sie den Pfarrer in seinen Bestrebungen zu besserer Organisation des Unterrichtes, protestirte gegen inhumane Behandlung der Armen im Leben und im Tode (1839 z. B. gegen die rohe Sitte, die Leichen der im Armen=hause Verstorbenen auf einem ordinären Karren auf den Friedhof zu führen), tadelte öffentlich das pietätslose laute Schwätzen und die Unord=nung bei den Leichenzügen und rügte immer und immer wieder, aber immer vergeblich, das verfrühte Weglaufen der Frauen aus dem Gottesdienste und machte endlose Anstrengungen, den oft so anstößigen Kirchenruf einzuschränken und endlich noch vor der erfolgten gesetzlichen Ab=schaffung zu beseitigen.

Jn ihrem gutgemeinten Eifer schoß sie gelegentlich über die Schranken ihrer Kompetenz hinaus und griff zu verkehrten Mitteln. Hievon ein Beispiel. Wie alle Nothzeiten, so begünstigten auch die der Jahre 1816/17 die sittliche Verwilderung und das Verbrechen. Der Hunger veranlaßte zwei erst 16jährige Burschen ab der Egg zu kleinen Diebereien: diesen folgten dann Einbrüche, bei denen Geld, Uhren ꝛc. mit den Eßwaaren mitliefen. Die Diebe traf eine exemplarische Strafe. Einige Tage wurden sie in Arrest gesetzt, am folgenden Sonntage durch den Waibel in den Gottesdienst gebracht und auf Stühle neben den Taufstein gesetzt. Nach dem Gebete mußte der Pfarrer das Urtheil verlesen, und nach der Predigt, die sich über die Folge schlechter Kinder=erziehung verbreitete, trat er vor den Taufstein, hielt den jungen Sündern angesichts der Gemeinde eine besondere scharfe Strafrede und nahm ihnen das feierliche Versprechen der Besserung ab. Folgenden Tages sollten sie durch einen Landjäger mit Stockstreichen gezüchtigt werden, und schließlich bekamen sie für 2 Monate den Klotz an die Füße, der ihnen auf der Schmidtenbrücke angelegt wurde, worauf sie polizeilich heimgeführt wurden. Die Oberbehörden verfügten nun aber bald die Wegnahme des Klotzes, tadelten die außergerichtliche Aburtheilung. und die Geschichte wurde zum Anlaß allgemeiner Anweisung an die Orts=behörden, ihre Competenzen nicht zu überschreiten. Allerdings gieng das Strafurtheil im Grunde vom Gemeinderathe aus, aber seine Mehrheit bildete zugleich den Stillstand und dieser nahm sich sofort des getadelten Gemeinderathes in einer besonderen Zuschrift an den Kleinen Rath an und bat diesen um Vollmacht für den Gemeinderath zu weiteren Straf=Maßregeln. Von den beiden Schlingeln war nämlich der Eine — ein Beweis der Wirkungslosigkeit oder der gar ganz verrohenden und entsittlichenden Wirkung solch' brutaler Strafweise — alsbald wieder rückfällig geworden und hatte auch einen jüngeren Bruder in's Verbrechen mit fortgerissen.

Von den fünfziger Jahren an tritt die Thätigkeit der Kirchen=vorsteherschaft als Sittenbehörde mehr und mehr zurück, entsprechend dem Geiste der Zeit, der alle, auch moralische Strafkompetenz immer ausschließlicher den bürgerlichen Behörden zugewiesen wissen will. Von 1874 an tritt sie vollends zurück und mußte sich auf öffentliche Bitten und auf Vorstellungen und Klagen bei den bürgerlichen Behörden beschränken. Das Gesetz gibt dieser Behörde ja nicht einmal mehr die Befugniß, die eigenen Kirchgenossen vor ihre Sitzung zu nöthigen, und der Einfluß auf das Ehescheidungswesen wurde ihr vollends genommen. Es ist natürlich, daß es so kommen mußte; ob aber die neue Ordnung der Dinge in allen Stücken dem Volke zum Heile diene, darüber muß die Zukunft entscheiden. Es wird alles auf den sittlichen Ernst und die Festigkeit ankommen, womit die bürgerlichen Behörden, in denen ja schließlich dieselben Leute sitzen, wie in den Kirchenvorsteherschaften, ihrer Aufgabe vorstehen. Die früheren Compe= tenzen dieser Letzteren sind an die Gerichte und die Gemeinde= und zum Theil an die Schulräthe übergegangen. Sind jene stets vom Be= wußtsein der Heiligkeit der Ehe in christlichem Sinne getragen und machen diese ohne Menschenfurcht von ihrer Competenz Gebrauch, gegen Roheit und Gewissenlosigkeit im Familienleben und Zügellosigkeit im persönlichen Wandel mit Rüge und Zuspruch vor ihren Schranken einzuschreiten und warten sie nicht zu, bis die Verfehlungen für poli= zeiliche oder gerichtliche Abwandlung vorgeschritten sind, dann ist die fast völlige Beseitigung des Einflusses der Kirchenbehörden in matri= monieller und sittenbehördlicher Hinsicht nicht zu bedauern; aber auch n u r dann. Wie der heiße, der in einer bestimmten Richtung eine heilsame Aufgabe am Volksleben löse, ob er einen kirchlichen oder bürgerlichen Namen trage, daran liegt ja schließlich nichts, wenn nur die Aufgabe gelöst wird; aber gelöst will sie sein.

d. Zuwachs der Gemeinde durch ihre Diaspora.

Ich komme zum Schlusse. Die materielle und gewerbliche Ent= wicklung der Gemeinde auch nur auf's Flüchtigste zu scizziren, würde zu weit führen. Denn großartig ist geradezu diese Entwicklung in den letzten hundert Jahren. Wenn einer der Väter von 1785 wieder käme, er würde sich, im Dorfkreis Flawil wenigstens, kaum mehr zu= recht finden. Wie anders sieht's da aus seit 100 und zumal seit 50, ja nur seit 30 Jahren, seit die Stickerei an der Stelle der allmählich niedergehenden Baumwollfabrikation bei uns ihren Einzug hielt und Flawil 1856 Stationsort einer Eisenbahnlinie ward! Ganz neue Quartiere, von abgesteckten Straßen durchzogen, erheben sich an der Stelle, wo unsere Vorfahren ihre Getreidezelgen hatten oder auf ihren Burgerböden ihr Vieh weideten oder ihre Kartoffeln zogen. Eine Menge zum Theil imposanter Fabrikgebäude, aus denen der stoßende Lärm der Stickmaschinen tönt, erheben sich zwischen den neuen Häusercomplexen. 3 schöne Schulgebäude, das katholische Primarschulhaus im Wiesenthal neben der katholischen Kirche, das 1878 eingeweihte evangelische Primarschulhaus im „Ziel" und das im Spätherbst 1884, wie oben bemerkt, bezogene paritätische Realschulgebäude im Feld, bekunden es laut, wie das gewerbliche Gedeihen auch wieder der För=derung der idealen Interessen zu Gute kommt und wie ein schulfreund=licher Sinn in der Gemeinde wohnt. Selbst in die Ortschaften auf den Bergen hat die gewerbliche Entwicklung die Spuren ihres Segens getragen. Burgau, Egg und Alterswil, wo noch vor 50 Jahren in einer gewöhnlichen Stube die Halbjahrschule gehalten wurde, haben ihre besonderen Schulhäuser und wenn sie auch allesammt dem Bedürfnisse der Zeit schon nicht mehr genügen, das Große ist doch erreicht, daß auch hier die Halbjahrschule der Jahrschule hat weichen müssen. Seit Anfang der 50er Jahre verbindet ein reiches, planmäßig angelegtes Straßennetz die oberen Bergbezirke untereinander und mit dem Dorfe Flawil und seit 1877 haben Burgau und Botsberg neue Zufahrtsstraßen.

So steht denn die ehemalige schlichte „Gmeind Oberglatt" heute da, das Bild eines blühenden und gesegneten Industrieflecken, der, ob er auch zur Zeit die Schmerzen der allgemeinen gewerblichen Stockung mitfühlt, gewiß seine schöne Zukunft hat.

Diese industrielle Entwicklung, die Verkehrserleichterung und Frei=zügigkeit der neuen Tage haben es auch mit sich gebracht, daß der von Alters her kräftige und weitästige Baum unserer Kirchgemeinde seine Aeste weit in die nördlichen und östlichen katholischen Nachbargemeinden des alten Fürstenlandes hinausgetrieben, als ob, nachdem sich Degers=heim abgetrennt, an unserer Gemeinde die Thatsache des Naturlebens sich erfüllen sollte, daß, wenn man einem Baume nach der Einen Seite das Geäste stückt, dasselbe nur um so kräftiger nach der anderen Seite hinaustreibt. In Niederwil, Andwil und Goßau ist der Muttergemeinde eine stattliche Diaspora erwachsen, volkreicher als ein Drittheil unserer Kirchgemeinden es ist. Und das in wenigen Jahrzehnten. Einzelne evangelische Haushaltungen und vereinzelte Personen gab es natürlich von jeher in den genannten Gemeinden, die kirchlich nach Oberglatt gewiesen waren, ohne indessen völlig der Gemeinde zugetheilt, d. h. stimmfähige Kirchgenossen und Antheilhaber am Pfrundgute zu sein. (Die völlige Incorporation und die rechtliche Gleichstellung der Zuge=theilten kam ja erst durch die Verfassung von 1861 und die darauf fußende kirchliche Organisation von 1862.) Aber von den dreißiger Jahren an beginnt die Einwanderung Evangelischer in die fürsten=ländischen Nachbargemeinden immer stärker und stärker zu werden, um in den sechziger und siebziger Jahren, der Blüthezeit der Stickereiindustrie und des Käsereigewerbes, geradezu rapid anzuwachsen, wie folgende Scala der Ergebnisse der neueren Volkszählungen zeigt:

Volkszählung: Evangelische in Goßau, Andwil und Niederwil:
1853 :   173
1860 :   311
1870 :   562
1880 :   880

Von diesen 880 entfallen 725 auf Goßau allein. Hier wurde 1863 eine eigene evangelische Schule errichtet, die 1877 bereits schon in 2 Abtheilungen mußte getrennt werden. Seit 1874 genießen die circa 40 pflichtigen Kinder der Ergänzungs- und Realschule, sowie die Präparanden den pfarramtlichen Religionsunterricht in Goßau selbst, die Konfirmanden dagegen, circa 10, jetzt sogar 18! gehen, wie alle Pflichtigen in Niederwil, zum Unterrichte nach Flawil. Ueber den Winter hält der Oberlehrer der evangelischen Schule Goßau für die Pflichtigen von Goßau und Andwil — seit 1866 — besondere Kinder-lehre. Eine Kleine-Kinderlehre, durch die Arbeitslehrerin Fräulein Elise Siegenthaler gehalten, sammelt in neuester Zeit des Sonntags die 6—10-jährigen Kleinen auf dem Wege der Freiwilligkeit um ein religiöses Wort. Seit Oktober 1881 werden die Verstorbenen der Evangelischen zu Goßau und Andwil auf den dortigen Friedhöfen bestattet, was für dieselben sehr bequem ist und auch manche Gelegenheit bietet, unser evangelisches Wesen bei den Katholiken in Achtung zu bringen, aber auch natürlich zur inneren Lockerung des kirchlichen Bandes zwischen der Diaspora und der Mutterkirche viel beigetragen hat. Be-züglich der Friedhofabkurung zwischen Goßau und Oberglatt ist ein zäher Kampf entbrannt, und ist es bis zur Stunde zu keiner Ver-ständigung gekommen. Das Gesetz verpflichtet Kirchgemeinden nur zu Abkurungsleistungen gegenüber p o l i t i s c h e n Gemeinden, die neue Fried-höfe erstellen; in Goßau aber will man sich nicht dazu verstehen, den Friedhof und seine Besorgung in die Hände der politischen Gemeinde zu legen und so auch den Evangelischen Gelegenheit zu geben, in Sachen des Friedhofwesens mitzureden. So lange aber dieses nicht geschieht, verweigert Oberglatt natürlich die Abkurung und wird dabei von den Oberbehörden geschützt. Eine eingehendere Pastoration in Form von periodischen Gottesdiensten, die die kirchlichen Oberbehörden angeregt, wünschen unsere Kirchgenossen von Goßau nicht wegen der freilich über-triebenen Besorgniß, daß solche Maßnahmen von selbst dazu führen, der Erhebung ihrer schwerbelasteten Schulgemeinde zur selbstständigen K i r c h g e m e i n d e zu rufen, wozu sie allerdings in absehbarer Zeit ökonomisch nicht fähig ist.

So ist denn die altehrwürdige Mutterkirche und -Gemeinde zu „G l a t t", die bei Anlaß der Berathung der neuen Kirchenordnung von 1881, auf f r e m d e Anregung hin und ohne Anfrage bei der kirchlichen Ortsbehörde, in „e v a n g e l i s c h e K i r c h g e m e i n d e F l a w i l" umgetauft wurde, troß der Ablösung von Degersheim wieder zu einem weit ausgreifenden Gebiete gekommen und zählte 1880 eine Bevölkerung von 3525 Seelen, fast die doppelte Zahl des Bevölkerungsstandes von 1837, wo man, die 130 Zugetheilten mitgerechnet, 1920 Köpfe rechnete, und genau die dreifache gegenüber dem von 1771, wo man 1150 Seelen zählte! Das ist für eine örtlich so weit auseinander gelegene Kirchgemeinde eine Seelenzahl, die es erklärlich macht, daß sie von Einem Geistlichen nur noch pastorirt werden kann, indem er eines der gesegnetsten Pastorationsmittel, die fleißige Hausbesuchung bei seinen Cötualen zu Gunsten der oft fast ununterbrochen sich aneinander reihen= den festbestimmten Amtsfunktionen zu vernachlässigen gezwungen ist.

Damit bin ich am Schlusse meiner Scizzen zur Geschichte unseres örtlichen Kirchenwesens angekommen. Von dem Vielen, was der Leser noch zu wissen wünschte, bringt Einiges wenigstens der Anhang nach.

Gottes Schutz und Hut walte ferner über unserem Gotteshause, bis es dereinst zusammensinkt unter den Händen unserer Kinder und Enkel, um aufzuerstehen an freierer höherer Stätte, ein Wahrzeichen und Quell des Gottesfriedens mitten unter dem wogenden Getriebe modernen Lebens!

Gottes Gnade und Friede sei mit der Gemeinde; er, der die Ge= schicke des Einzelnen wie der Völker in seiner Hand trägt, lasse sie auch fernerhin blühen und gedeihen, äußerlich nicht nur, sondern auch innerlich, daß sie dastehe in seinen Augen je mehr und mehr als sein Volk im heiligen Schmuck!

Anhang.

I. Die Pfarrer von Oberglatt seit der Reformation.

Ich bin in ihrer Reihe der Dreißigste. Nachdem in Oberglatt unter Johannes Scherrer (1519—26) und Joh. Stabelmann (1526—54) die neue Lehre festen Fuß gefaßt und auch in den Tagen der Gegenreformation unter Petrus Speich (1554—59) und Meinrad Hegi (1559—70) sich mit starker ⅕ Mehrheit behauptet hatte, folgten sich bis zum Ende des Jahrhunderts im Amtsdienste nach: Rudolf Meyer von Zürich 1570—? und Hans Maler von Zürich ? —1605. *)

Im 17. Jahrhundert verkündeten in Oberglatt das Evangelium: Hans Held von Bischofszell, 1605—1608, Matthias Nägeli von Winterthur 1608—1610, Ezechiel Kamp von Zürich, 1610—1616, Adam Kübler von Basel, 1616—1621, Jakob Grieser von Basel, 1621—1625, Johannes Bürgi von Basel, 1625—1629, Konrad Richard von Basel, 1629—1663, Abraham Schad von Zürich 1663—1669, Karl Glaser von Basel, 1669—1671, Gabriel Zollikofer von St. Gallen, 1671, Emmanuel Schlichter von Basel, 1671—1685, Christoph von Waldkirch von Basel, 1685—1697. Unter diesen nahm Konrad Richard eine hervorragende Stellung ein. Er war ein gar gelehrter Herr, hatte auch Medizin studirt und wurde 1636 Dekan. Er half unserem Grobenentswiler Dichter Grob wissenschaftlich auf die Beine.

Das 18. Jahrhundert weist uns bis zum Kirchenbau die Namen: Ulrich Fischbacher von Peterzell, 1697—1732, Peter Ziegler von Winterthur, 1732—47, Kaspar Manz von Zürich, 1747—1762 und J. Kaspar Ammann von Zürich, 1762—1784. Fischbacher ward auch Dekan und diente neben Richard hier am längsten, volle 35 Jahre. Er scheint der Jeremias unter den Propheten von Oberglatt gewesen zu sein. In seinen Amtsdienst fielen die unruhvollen

---

*) Franz, kirchliche Nachrichten, führt die Jahre 1590—1605 an. Nach dem ältesten Rechnungsprotokoll unseres Archives wurden aber 1595 dem Prädikanten die Wirthshausürten für seine Fuhrleute bei seinem Aufzuge von der Gemeinde bezahlt, es muß also in diesem Jahre ein Pfarrwechsel stattgefunden haben.

Zeiten des Zwölferkrieges, wo er, wie oben erzählt, auf eine so traurige Art ein neunjähriges Töchterchen verlor, nachdem ihm einige Jahre zuvor die Blattern binnen 8 Tagen 3 Kinder von 9—14 Jahren geraubt hatten. Seine alten Tage verbrachte er in Krankheit und Schwäche. Da machte ihm und seinem Hause ein trotziger Vikar, Namens Milchsperger von Zürich, das Leben vollends bitter. Dieser hätte den alten Herrn gerne verdrängt, wiegelte ihm die Herzen des Volkes ab, wie einst Absalom seinem Vater David und geberdete sich gelegentlich wie ein Rasender. So schlug er einst, eben von einer Hochzeit zurückgekehrt und wahrscheinlich angetrunken, die Magd auf's Jämmerlichste, wünschte das ganze Pfarrhaus unter schrecklichen Flüchen „dem Teufel zu" und drohte mit Brandlegung. Die Synode mußte sich in den häßlichen Handel mischen und ihn endlich unter Vermittlung von Zürich durch Entlassung des Vikars beilegen. Den 9. Februar 1732 erlöste Fischbachern der Tod. Er liegt mit 7 Collegen früherer und späterer Tage in Oberglatt begraben.

Caspar Manz war als Gelegenheitsdichter in weiteren Kreisen bekannt. Schulden und andere gegen ihn erhobene Beschwerden trieben ihn von Oberglatt weg und endlich ganz aus dem Lande. Seine Poesie war indessen oft die plattste Reimerei, wie der stehende Schluß seiner Glückwunschgedichte zeigt:

„Gott mache euch zum Kopf und nicht zum Schwanz,
    Dies wünscht euch herzlich
                                        Johann Caspar Manz."

Caspar Ammann soll ein in jeder Richtung vortrefflicher Mann gewesen und seine nach 22jährigem Amtsdienste dahier erfolgte Rückkehr in den Heimathkanton weit über die Gemeinde hinaus bedauert worden sein.

In der neuen Kirche haben im letzten Jahrhundert noch gewirkt: Jakob Dietschi von Zürich, 1784—1793. Er trat im Juni 1784 sein Amt an, also noch an der alten Kirche. Erst 37 Jahre alt, starb er hier nach neunjährigem Pfarrdienste und ward den 30. Mai 1793 zu Oberglatt beerdigt, nachdem er unterm 12. Mai noch mit eigener Hand eine Reihe von Funktionen in die Pfarrbücher eingetragen, die er offenbar noch selbst besorgt. Ihm folgte:

Jakob Meyer von Zürich, 1793—1808, wo er in seine Heimath zurückkehrte. Die klägliche, seit fast 200 Jahren gleiche Besoldung und verschiedene Reibereien mit dem Gemeinderathe, an denen er selber auch Schuld trug, scheinen ihm seine Stellung verleidet zu haben.

In diesem Jahrhundert treffen wir:

Joh. Kaspar Pfenninger von Zürich, 1808—1824, ein um die Förderung des Schulwesens und der Buchführung in Pfarramt und Behörden vielverdienter Mann. Er machte mit der Gemeinde die herben Hunger- und Sterbejahre im Anfang unseres Jahrhunderts durch, das Jahr 1810, wo die rothe Ruhr die jährliche Sterbeziffer auf's Doppelte trieb und das Jahr 1817, wo Dysenterie und Hunger=typhus solche Verheerungen anrichteten, daß die Todtenzahl auf die bis heute, trotz der jetzt mehr als verdoppelten Einwohnerzahl, nie erreichte Ziffer von 115 stieg und z. B. auf der Egg eine ganze Familie von 5 Köpfen wegstarb. Seine Beschreibung des Jammers von 1817 siehe unten. Er soll trotz seiner hohen Verdienste um das Schulwesen unserer Gemeinde und unseres ganzen Bezirkes durch ein zweideutiges Gebahren bei Anlaß einer Lehrerwahl sich unmöglich gemacht haben. .

Joh. Kaspar Looser, Dekan, von Krummenau, 1824—1834. Er wird von unseren Alten als ein fein= und freisinniger, hochgebildeter Mann und ein tüchtiger Kanzelredner mit tiefen und klaren Gedanken geschildert. Sein Andenken lebt mit Verehrung heute noch in der Gemeinde fort. Er starb ein Jahr nach seiner Resignation, den 23. Juni 1835, auf Besuch bei einer hier wohnenden Tochter an einem Nervenschlage und liegt in Oberglatt bestattet.

Joh. Jakob Streiff von Glarus, 1834—1846. Er war ein Mann von frischem, anregendem Naturell, äußerst leutselig und ein feuriger Redner, und, was ihm wohl kein Oberglatter Pfarrherr mehr nachmachen wird, er soll auch zu herbstlicher Zeit etwa dem Nimrod, dem gewaltigen Jäger vor dem Herrn, in's Handwerk gepfuscht und Füchsen und Hasen in den nahen Waldungen zu Gunsten seines Pelz=rockes und seiner Küche das Lebenslicht ausgeblasen haben.

Leonhard Schwendener von Buchs, 1846—1861. Er war ein Hauptbegründer unseres freiwilligen Armenvereins. Ein zwar sehr pflichtgetreuer und ernstgesinnter Diener am Wort, soll er in den Neben=chargen des Pfarrers, wie überhaupt in praktischen Dingen, nicht immer eine glückliche Hand gehabt haben.

Elias Rimensberger von Lütisburg, 1861—1873, der rede= und schriftgewandte Kirchen= und Schulmann von unverwüstlicher Arbeitskraft.

Ernst Graf von Winterthur 1873—? Sein Prädikat mag ihm der Leser selber geben und dereinst Gott!

II. Die Besoldung der Oberglatter Pfarrherren.

Die Besoldung der Pfrundinhaber zu Oberglatt bestand im geld=armen Mittelalter wesentlich in Naturallieferungen, wozu die Benefizien der Privaten für Jahrzeiten, Seelenmessen u. b. hinzukamen.

Dieses Gesammteinkommen schätzt der Priester Heinrich von Glatt 1275 eidlich auf 75 Pfund Konstanzer Münze.

Bei der Inkorporirung der Pfründe Oberglatt mit ihren Ein=
künften in's Stift Magdenau, 1389, wurden dem Leutpriester zu Ober=
glatt als jährliches Einkommen zugesprochen: 16 Malter Fäsen und
Hafer, 1 Malter Bohnen, 200 Garben Stroh, ferner der kleine Zehnten
aus den Gütern des Kirchspiels, dazu die gelegentlichen Benefizien der
Pfarrgenossen und die Amtswohnung.

So blieb es ohne Zweifel bis zur Reformation. Durch den
schiedsgerichtlichen Vergleich von 1563 (s. oben S. 15) gieng die Pflicht
für den Unterhalt des evangelischen (und ev. auch eines katholischen)
Pfarrers auf die Gemeinde Oberglatt über, die sich ja 1528 in den
Besitz der Kirchengüter gesetzt hatte. Die mit 1595 beginnenden, äußerst
primitiven Rechnungsprotokolle erwähnen unter den Ausgaben nie des
Pfarrgehaltes, wie sie überhaupt nichts spezifiziren, wohl aber reden sie
von Guthaben des Kilchmeier an der Gemeinde oder umgekehrt. Ur=
kunde 5 zeigt aber deutlich, daß seit 1528 der Pfarrgehalt aus dem
Juchartgeld (s. oben S. 53) bestritten wurde, woneben der Pfarrer bis
in unser Jahrhundert in Naturalform wenigstens noch Holz nach Bedürfniß
aus den Gemeindewaldungen bezog. Unter dem Titel „Verehrung an
den Pfarrer" sind 1595 20 Gulden, 1623 12 Gulden und ähnliche
Posten von ganz verschiedenem Betrage in späteren Jahren verrechnet.
Es scheinen dies Personalzulagen gewesen zu sein, doch nur je für ein
Jahr bestimmte, denn z. B. 1624 behält sich die Behörde ausdrücklich
vor, das nächste Jahr etwas zu bezahlen oder auch nicht, und diese
Zulagen treten in den Rechnungen überhaupt nur sehr sporadisch auf.

Durch den Richterspruch von 1635, der die Besoldungsverhältnisse
der beiden Geistlichen zu Oberglatt regelte, wurde die Besoldung des
evangelischen Pfarrers auf 260 Gulden festgesetzt. Da nach dieser
definitiven Regelung der Besoldung der Posten der „Verehrung"
für 150 Jahre aus den Rechnungen verschwindet, die Verehrung im
Hungerjahre 1622 sogar auf 100 Gulden stieg — so scheinen mir
diese sogenannten Verehrungen Theuerungszulagen gewesen zu sein, zu
Zeiten, wo das hergebrachte, z. Theil doch auch naturale Einkommen schlecht=
weg nicht mehr ausreichte („über den Hof und das jährliche Zu=
kommen von Tägerschen hinaus zu geben" drückt sich das
Rechnungsprotokoll von 1622 aus, da es der Verehrung erwähnt). Bei
diesem Pfarrgehalte von fix 260 Gulden nebst Holz, Gebühren für
Trauungen, Taufen und Leichenpredigten und einem Taggeld für den
Besuch der Synode (später des Kapitels) blieb es bis gegen das Ende
des letzten Jahrhunderts. Dann beginnen die Zulagen wieder. Pfarrer
Dietschi erhält 40 Gulden jährliche Zulage unter dem Titel „die
jährliche Gutthat", und so bleibt es, bis bei der Berufung von
Pfarrer Pfenninger, 1808, der Gehalt auf 500 Gulden mit 16½ Gulden
Kapitelgeld, sammt 14 Klafter Holz und Büscheli nach Bedürfniß und

Gebühren normirt wird. Und nun steigt, entsprechend der immer mehr sinkenden Kaufkraft des Geldes und der steigenden Arbeitslast des Pfarrers das fixe geldliche Einkommen fast bei jeder Pfarrwahl oder drohenden Wegberufung eines Pfarrers. Für Pfarrer Streiff wird er 1834 auf 650 Gulden erhöht; für Pfarrer Schwendener 1846 auf 800 Gulden und 16½ Gulden Kapitelgeld, aber unter Wegfall der bisherigen Holzbezüge. 1862 unter Pfarrer Riemensberger auf 2000 Fr., 1866 auf 2400 Fr., 1873 vor der Berufung des jetzigen Pfarrers auf 2800 Fr. unter Wegfall des bisherigen Kapitelsgeldes, 1876 endlich auf 3500 Fr. nebst 500 Fr., persönlicher Zulage für den derzeitigen Pfrundinhaber.

Evangel. Flawil bedarf zur Bestreitung der Pfrundbedürfnisse in der Regel eine jährliche Steuer von 1‰. Nur 6 Gemeinden im Kanton stehen in dieser Beziehung noch etwas günstiger da.

III. Das Elend des Hungerjahres 1817
(beschrieben durch Pfarrer Pfenninger im Stillstandsprotokoll).

„Wenn schon die Jahrbücher, schreibt der genannte Ortspfarrer, ausführlich die Tagesgeschichte dieses Jahres liefern und unsere Kinder und Kindeskinder erstaunen werden, so zeichne ich doch dasjenige, das am Merkwürdigsten war und was diese meine liebe Gemeinde betrifft, zum Andenken auf. Möge keiner meiner Nachfolger eine solche traurige Epoche erleben, wie ich sie hier erlebt habe!"

„Seit den Jahren 1771 und 1772 erlebte man kaum ein solches Jahr der Theuerung bis zum Jahre 1817. — In der Mitte des Jahres 1816 fiengen die Preise der Lebensmittel an zu steigen und mit denselben verringerte sich auch der Verdienst. Handel und Fabrikation gerieth in's Stocken und mit steigender Theuerung und damit verbundener Verdienstlosigkeit nahm das Elend immer mehr und sichtbarer überhand. Gott Lob! in hier empfand man das steigende Schwere noch nicht so stark. Man hatte zuzusetzen und der ärmeren Klasse wurde kräftig unter die Arme gegriffen. — So schwand das Jahr 1816 dahin. Man hoffte Besserung und Erleichterung mit dem kommenden Frühjahr. Aber immer wurde es schlimmer und täglich enger und beklommener um das Herz Vieler. Der Verdienst blieb aus und die Theuerung nahm überhand. Schon stieg das 4pfündige Brod, das sogenannte Quartumbrod, auf 18 Batzen, der Vierling Muß auf 36 Batzen, das Pfund Fleisch auf 14 Kreuzer. Mit dem April fühlte man nun allgemein die Noth. Merklich konnte man das Elend und die abnehmenden Kräfte auf dem abgezehrten Gesichte so Vieler lesen. Stromweise häuften sich die Bettler, besonders aus dem Appenzellerland. Sie schlichen einher, den nahen Tod fühlend. In unserer lieben Gemeinde nahm trotz aller

Unterſtützung die Noth täglich überhand. Mit Leinmehl — ohne Salz und Schmalz — mußten ſich Viele behelfen; aber auch das vermochten ſie nicht mehr anzuſchaffen. Die Entkräftung nahm zu. Das Brod ſtieg auf 24 Batzen, der Vierling Muß auf 2 Gulden, 42 Kreuzer, das Viertel Erdäpfel wurde um 4 Gulden verkauft."

„In manchen Gemeinden fieng man an, den Armen zu kochen, da die Unterſtützung an Geld nicht mehr hinreichte. Auch ich drang darauf und ſo wurde denn auch in hier und in Flawil die Sparſuppe ein= geführt. Ich übernahm die Beſorgung eines Theils der Armen und Herr Gemeinderath und Armenpfleger J. J. Steiger zur Traube in Flawil den anderen Theil."

„Der 9. Juni war der erſte, der 4. Oktober der letzte Tag der Austheilung; es wurden in dieſer Zeit in Oberglatt und Flawil aus= getheilt: 20,896 Portionen, die Portion ½ Maß. Dieſe koſteten 1200 Gulden. Zu dieſer Suppe wurde genommen: Hafermuß, Leim, Reis, Gerſte, Salz und Schmalz. Beim Anfang hatte ich 86 Portionen auszutheilen; dazu nahm ich 8 Mäßli Mußmehl, 4 Pfund Reis, 1 Pfund Salz und 1 Pfund Schmalz und brauchte 2 Eimer Waſſer. Und ſo wurde verhältnißmäßig geſtiegen, wie ſich wöchentlich die Armen vermehrten."

„Trotz aller Anſtrengung und Bemühung, die Armen zu erhalten, konnte es dennoch nicht bewirkt werden. Auch der Todesengel kehrte ein. Ich predigte oft 4 Tage hintereinander und die Summe der Todten ſtieg bis auf 115 Perſonen" (wobei freilich 18 auswärts verſtorbene Bürger mitgezählt ſind.) — Gegen Ende des Jahres griff noch das Nervenfieber um ſich und raffte noch Manches hinweg."

„Die Armen koſteten gegen 4000 Gulden *), welche Summe die

---

*) Es wurden in dieſem Nothjahre 5 Armenanlagen, 3 zu 6 und 2 zu 12 Kreuzer vom Hundert Gulden erhoben.

Zur Linderung der großen Noth in den Kantonen Glarus, Appenzell, Thurgau und St. Gallen ſpendete der ruſſiſche Kaiſer 100,000 Silberrubel, von denen die Hälfte ſofort Verwendung fand. Dem Untertoggenburg floſſen 4000 Rubel zu. Die andere Hälfte der Kaiſerſpende ſollte zur Errichtung einer Armenkolonie auf den Glarner und St. Galler Linthufern verwendet werden. Hievon wurden wegen näherliegendem Bedürfniß 20,000 Rubel fürs' Toggenburg und die Gemeinden Weeſen und Amden ausgeſchieden, blieben dann aber unver= wendet lange bei der Oberbehörde liegen, bis auf Reklamation von Seite toggen= burgiſcher Gemeinden der Große Rath 1833 die Herausgabe von zwei Drit= theilen der durch Zinſen angewachſenen Summe an die genannten Landestheile und Gemeinden beſchloß. Flawil mit ſeinen damaligen 2100 Seelen (205 Katho= liken) bezog 539 Gulden 20 Kreuzer, die auf evangeliſcher Seite unter die verſchiedenen Schulfonde vertheilt wurden.

Das Nothjahr 1817 brachte auch Hochwaſſer, das die Oberglatter Brücke ſchwer beſchädigte. Dürftig reparirt, mußte ſie 1826 durch eine neue erſetzt werden. Das war die ſolide gedeckte Holzbrücke, die vor 3 Jahren durch die jetzige ungedeckte, eiſerne Brücke erſetzt wurde.

Gemeinde selbst bestritt und von der (kantonalen) Hülfsgesellschaft nichts annahm. Im Stillen wurde noch sehr viel von edeldenkenden, mitleidigen Familien ausgetheilt und manches nützliche Glied gerettet und erhalten. Gott lohne, Gott segne die edlen Geber!"

„Möge das letztverflossene Jahr Allen unvergeßlich sein und Alle ermuntern, ihr Heil zu bedenken und weise zu werden zur Seligkeit durch den Glauben an Jesum Christum! Möge der Allerbarmer die liebe Gemeinde und alle Mitmenschen vor einer solch' schweren Heimsuchung gnädig bewahren! Es geschehe!"

Inhalts-Verzeichniß.

Anhang.